OPTIMAL
最適モデルによる インストラクショナル デザイン

ブレンド型eラーニングの効果的な手法

鄭仁星・久保田賢一・鈴木克明 編著

東京電機大学出版局

本書の全部または一部を無断で複写複製（コピー）することは，著作権法上での例外を除き，禁じられています．小局は，著者から複写に係る権利の管理につき委託を受けていますので，本書からの複写を希望される場合は，必ず小局（03-5280-3422）宛ご連絡ください．

はじめに

> Formal education will make you a living;
> self education will make you a fortune.
> —— Jim Rohn

この本の目的

本書は次の3つの質問に対してわかりやすく解説します。

① インストラクショナルデザイン（Instructional Design：ID）とは何だろうか。
② インストラクショナルデザイン（ID）について，何がわかっているのか。
③ 優れたブレンド型eラーニングの環境をどう設計したらよいのだろうか。

インターネットを活用した学習と対面の学習を組み合わせて行う教育を「ブレンド型eラーニング（blended e-Learning）」と呼びます。それは，インターネットだけを使う遠隔教育（distance education）とは違うものです。このブレンド型eラーニングを優れたものにして，学習を促進するためには，インストラクショナルデザイン（Instructional Design：ID）の考え方が不可欠であると，私たち執筆者は考えています（以後，インストラクショナルデザインをIDと略記します）。

これまでに多くの研究者がIDについて研究を重ね，IDモデルを発表しました。最も知られているモデルのひとつにADDIEモデル（アディーモデルと読む）があります。ADDIEは，IDの5つの段階の頭文字で，Analysis（分析），Design（デザイン），Development（開発），Implementation（実践），Evaluation（評価）を意味します。そして，このADDIEモデルを発展させて，多様な教育場面

に応用できるIDモデルがいくつも開発されてきました。

さて，情報通信技術（Information and Communication Technology：ICT）の進歩にともない，最近のeラーニングにも様々な形態のものが出てきました。eラーニングを設計するためにIDモデルが利用されますが，最近ではこのeラーニングの多様化にあわせてIDモデルそのものも再構築されています。たとえば，ホートン（Horton 2006）はeラーニングの設計のために，体系的で柔軟性のあるIDモデルを提案しています。また，プログラミングや製品開発の分野で使われるラピッド・プロトタイピング（rapid prototyping）と呼ばれる方法を取り入れたIDモデルも提案されています。このIDモデルは，短い開発サイクルを何度も繰り返すことで，教育システムを短期間に改善していくための方法ですが詳しくは，本書の中で説明をします。

このように，IDモデルは対面型の教育場面においてもeラーニングにおける様々な教育の場面においても活用され，IDに関する本も多数出版されてきました。しかし，これらの本は教師向けの対面型の授業か，ID専門家向けのオンライン型の教育のどちらかしか扱ってこなかったのではないでしょうか。

本書はID専門家でない学校教師や大学講師を対象にIDモデルの入門書として書かれブレンド型eラーニングの設計を提案するものです。これからの教育では，対面教育と遠隔教育とをバランスよく組み合わせた方法が必要になってきます。そして，多くの場合このような教育は，専門家であるインストラクショナルデザイナーが設計するのではなく，個々の教師によって準備され，実践されます。たとえば，日本では公立大学の70％と私立の教育機関の41％が何らかの形でeラーニングを採用していますが，ほとんどの場合，教室での指導と遠隔教育の組み合わせ，つまりブレンド型の学習環境です。キャンパスに通うことなしに，eラーニングだけで単位認定をしている大学は全体の10％にすぎません。また，50％のeラーニングのコンテンツ（教育内容）は担当教員によって開発されています（NIME 2006）。

では，IDの専門家でない教師が自分の教育にeラーニングを取り入れようとするときの状況は，どんなふうでしょうか。ほとんどの教師はIDの知識も教育

方法に関する技能も十分に身につけていないのが普通ですから，ここでごく一般的な大学での事例を紹介しましょう．語学教員の山田さんは英語を学部 1，2 年生に教えています．5 年ほど前から大学が主催する WebCT の講習会が開かれるので，興味があれば参加するように言われていました．しかし，山田さんは「WebCT」が何なのかよくわからなかったので，講習会には参加しませんでした．2 年ほど前に同僚が「Blackboard」を使って授業をしているという話を聞いて，「Blackboard」がどのようなものがわかりませんが，おもしろそうだなと思ったことがありました．そのときは，大学の Web サイトにある「Blackboard」のアイコンをクリックしてみたことがありました．そこには使い方が書いてありましたが，そのとおりに操作してもよくわからないため，そのまま放っておきました．

　山田さんが WebCT や Blackboad というものが LMS（Learning Management System）と呼ばれる Web 上のツールであることがわかったのは，ほんの最近のことでした．多くの大学が LMS を導入して，授業改善に役立てようとしていることも最近，同僚から聞きました．山田さんは来学期から LMS を使って授業を行ってみようとしています．大学の IT センターの技術スタッフに相談し，次の学期から LMS を使って，授業のプリントを配布したり，Web 上でディスカッションを利用したいと説明しました．でも，初めての経験なので本当にうまくいくのだろうか心配です．大学のサポートがあっても，それは技術的なことが中心で，実際にどのように LMS を使って授業を組み立てていったらよいかはよくわかりません．e ラーニングと対面授業を組み合わせた学習を，自分の英語の授業に取り入れるには，まだまだ越えなければならないハードルがたくさんあります．もちろん，e ラーニングを取り入れようという気持ちはとても大切ですが，それを具体的にどのように取り組んでいったらよいか，その手順と手法を身につけることが必要になります．

この本が対象とする読者

　本書は，次のような人たちを対象としています．まず，山田さんのような先生，つまり授業を持っている学校教員や大学教員で，ブレンド型 e ラーニングのわか

りやすい説明を求めている人です。次に、eラーニングとIDについて学んでいる大学生および大学院生、ID専門家として企業研修でeラーニングの開発を始めたばかりの人、そして優れたeラーニングの設計に興味を持っている人たちです。本書はすぐに読めるやさしいテキストとして書かれており、そのテーマは、IDモデルを適切にブレンド型学習に適用することです。したがって、本書は教育工学関連コースの副読本として、あるいはeラーニングの入門コースの教科書として使用することができます。

　eラーニングと授業を組み合わせるにあたって、LMSを使うことを想定しています。市販されている代表的なLMSの例としては、BlackboardやWebClassがあります。MoodleやXoopsは無料で公開されているLMSです。CEASなどのように、大学によっては独自のLMSを開発しています。

章の構成

　第1章では、「IDとは何か」という第1の問いに答えます。IDには複数の概念や定義がありますが、まず、それらを教育一般およびeラーニングの場面に分けて解説します。そしてIDに対する肯定論と否定論を示し、長所と短所について考え、最後にブレンド型学習のためのIDに関して、この本の立場を述べます。

　第2章では、「IDについて何がわかっているのか」という第2の問いに答えます。そしてIDモデルや方略について概観し、それらを比較・対照することによって類似点と相違点を明らかにします。紹介するモデルは、ディックらのモデル、ケラーのARCSモデル、構成主義による認知的徒弟モデルなどです。

　第3章から第6章では、「優れたブレンド型eラーニングの環境をどう設計したらよいのだろうか」という第3の問いに答えます。そして、ブレンド型学習の設計のためのOPTIMAL（最適）モデルを提案します。第3章では、このOPTIMALモデルと名づけた、LMSを利用してeラーニングを設計するための実践的なアプローチを紹介します。OPTIMALの文字はそれぞれモデルの中の7つのタスク、Objectives（目標を定める）、Prototyping（プロタイピング）、Testing（試行）、Interaction Design（双方向性のデザイン）、Material Design（教

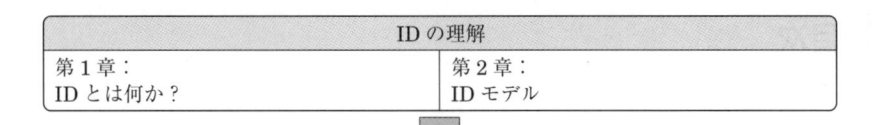

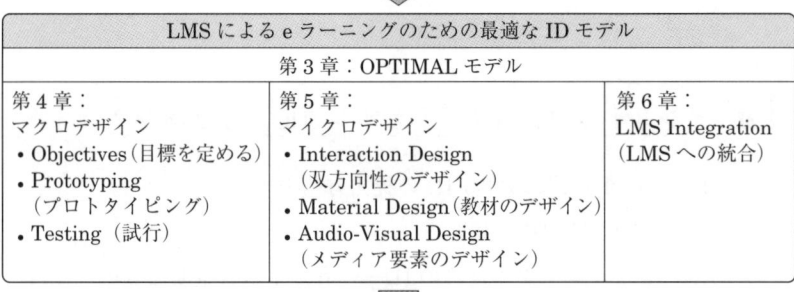

```
┌─────────────────────────────────────────────────┐
│                  ID の理解                       │
│  第1章：                  第2章：                 │
│  ID とは何か？            ID モデル               │
└─────────────────────────────────────────────────┘
                        ⇓
┌─────────────────────────────────────────────────┐
│     LMS による e ラーニングのための最適な ID モデル  │
│          第3章：OPTIMAL モデル                   │
│ 第4章：          第5章：          第6章：          │
│ マクロデザイン    マイクロデザイン  LMS Integration │
│ ・Objectives     ・Interaction   （LMS への統合） │
│  （目標を定める）  Design                         │
│ ・Prototyping    （双方向性のデザイン）            │
│  （プロトタイ    ・Material Design                │
│   ピング）       （教材のデザイン）                │
│ ・Testing（試行） ・Audio-Visual Design           │
│                  （メディア要素のデザイン）        │
└─────────────────────────────────────────────────┘
                        ⇓
┌─────────────────────────────────────────────────┐
│             事例についての分析と概観                │
│ 第7章：                    第8章：                │
│ 日本でのブレンド型eラーニング   海外でのeラーニング実践 │
│ 実践事例                                         │
└─────────────────────────────────────────────────┘
```

図1 本書の構成

材のデザイン），Audio–Visual Design（メディア要素のデザイン），LMS Integration（LMS への統合）の7つを示します．第4章では OPTIMAL モデルの初めの3つのタスク（Objectives, Prototyping と Testing）について，LMS による e ラーニングの設計の大枠（マクロ）の側面として説明し，具体的な例を示します．第5章では，続く3つのタスク（Interaction, Material, Audio–Visual Design）について，設計の詳細（マイクロ）の側面として説明します．第6章では，ID モデルの最後のタスク（LMS への統合）について詳細を解説し，具体例と注意点をあげます．

最後の2つの章，第7章および第8章では，展望として，いくつかの e ラーニングおよびブレンド型学習のサイトの事例を日本や海外から紹介します．e ラーニングあるいはブレンド型学習のサイトとして，初等中等教育，高等教育，さらに教師教育について触れます．

目次

第1章 インストラクショナルデザイン（ID）とは何か？　1

1.1 アメリカにおける ID の捉え方………2
1.2 日本での ID の捉え方………7
1.3 e ラーニングのための ID──考慮すべき重要な点………11

第2章 ID モデル　14

2.1 学習理論の 3 つのアプローチ………15
2.2 学習理論から ID 理論へ………19
2.3 教授システムと学習環境………21
2.4 アプローチの違いから見る目標設定と課題分析………23
2.5 様々な ID モデル………26
2.6 まとめ──基本的な前提と折衷主義………40

第3章 OPTIMAL モデル
──ブレンド型 e ラーニングへの実践的で簡単なアプローチとして　41

3.1 OPTIMAL モデルの 4 つの特徴………41
3.2 OPTIMAL モデルの概要………45
3.3 マクロデザイン………46
3.4 マイクロデザイン………49
3.5 LMS への統合………51
3.6 OPTIMAL モデルを用いた e ラーニング事例………52

第4章 マクロデザイン──目標・プロトタイピング・試行　60

4.1　学習目標………61
4.2　プロトタイピング………68
4.3　試行する………74

第5章 マイクロデザイン──双方向性・教材・メディア要素　78

5.1　Webを基盤としたeラーニングの特性………78
5.2　双方向性のデザイン………80
5.3　教材のデザイン………89
5.4　メディア要素のデザイン………95

第6章 LMSへの統合　99

6.1　LMS紙上体験………99
6.2　LMSとは何か………104
6.3　オープンソースLMSとは………107
6.4　LMSにはどんな機能があるか………107
6.5　LMSに学習コンテンツを実装するときの留意点………111

第7章 日本でのブレンド型eラーニング実践事例　116

7.1　教育番組と連動した「おこめ」の総合学習………116
7.2　大学におけるeラーニング実践──大教室で行う講義………121
7.3　大学におけるeラーニング実践──少人数の映像制作実習………126
7.4　教員研修におけるeラーニング実践………130

第8章 海外でのeラーニング実践事例　134

8.1　医学教育のeラーニング「SimTiki」（アメリカ）………134
8.2　オープンユニバーシティのeラーニング実践（イギリス）…137
8.3　教員研修におけるeラーニング（中国）………139

参考文献	143
あとがき	149
索引	151
編者紹介・執筆者一覧	156

第1章

インストラクショナルデザイン（ID）とは何か？

> Imagination is the beginning of creation.
> You imagine what you desire; you will what you imagine;
> and at last you create what you will.
> —— George Bernard Shaw

　　インストラクショナルデザイン（ID）はアメリカで発達してきた研究や実践であり，日本ではこれまでIDに関して十分な関心が払われませんでした。アメリカでは40年以上前から軍隊での訓練プログラムや企業の研修に盛んにIDが活用され，その成果を収めてきました。軍隊では，読み書きが十分にできない新兵に対して兵器の使い方を短期的訓練で修得させなければならないという緊急の課題があります。低コスト・短期間で多くの兵士を訓練し，技術を習得させ，実戦にすぐ役立つ兵士を育成することが国力に直接つながります。また，企業においては，低コスト・短期的な研修で即戦力として仕事のできる人材を育てることで，業績を高め企業間の競争に打ち勝つことができるようになります。つまりIDはこのような社会のニーズを満たすため，効果的かつ効率的に特定の知識や技能を習得させるための方法論として，アメリカを中心にその研究が進んできたわけです。

もちろん，IDによって開発された教授システムは，軍隊や企業だけでなく，学校教育においても適用できると考えられました。効果的に教授する方法論は，対象者や学習内容に関わらず，誰にでもどこでも適用できる汎用的なモデルと見なされました。そこで，インストラクショナルデザイナー（Instructional Designer）というIDを実践する役割を担う仕事が職業として定着してきました。インストラクショナルデザイナーは，教える内容についての専門家（Subject Matter Expert：SME）と学習者をつなぐ役割を担う専門職として確立されてきました。

　一方で日本においては，IDの考え方はあまり広がりませんでしたが，eラーニングが盛んになった21世紀に入ってから，IDに対する関心が急速に高まってきました。効果的で効率的なeラーニングを実施するためにはIDの考え方は必要不可欠であるという意識が生まれてきました。情報通信（ICT）環境が整い，多くの組織がeラーニングを開発するようになりましたが，単にお金をかけて見栄えの良いコンテンツ（教材）を作っても実質的な効果が出ないことがわかってきたからでしょう。

　第1章では，IDとは何か，これまでどのように捉えられてきたか，まずアメリカの研究者の定義を中心に検討を加えていきます。次に，日本におけるIDの考え方を紹介し，これまでのIDの捉え方を整理して，私たちがとる立場を明らかにしていきます。最後に，eラーニングや現状のIDの実践に関する主要な課題について説明します。

1.1　アメリカにおけるIDの捉え方

(1) ライゲルースの定義

　1980年代初め，ライゲルースは教育のなかの一領域としてIDを図1-1のように定義しました。ライゲルースは，教育の課題を，教授（インストラクション），カリキュラム，教育相談，教育経営，そして教育評価の5領域に分けて考えました。「教授」は教育の一部であり，主に学習内容あるいは教科課程をどう教えるかに関わります（Reigeluth 1983）。教授の領域には，設計・開発・実行・運営

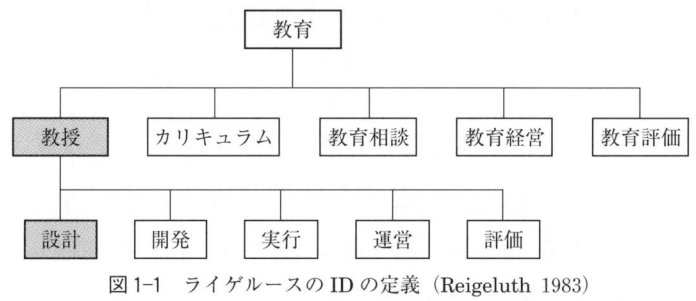

図1-1　ライゲルースのIDの定義（Reigeluth 1983）

そして評価の5つの主要な活動があり，IDとはこの教授法を理解・改善し，適用していく活動のことを指します。

　実践と研究の2つの視点から，IDはさらに具体的に定義することができます。実践の視点から，IDとは「特定のコースや学習者集団に対して，知識や技術が身につくように最適な教授法を決める過程」（p.7）であるといえます。また研究の視点から見ると，「学習状況と教授法の最適な組み合わせ，つまり教授に関する知識を生み出す過程」（p.7）であるといえます。つまりIDとは，特定の学習者に対して，ある学習内容を教える最適な方法を決定していくことです。最適な方法を立案していくために，学習者の分析と学習内容の分析が欠かせません。つまり，ライゲルースにとってのIDは，教授のための「建物の設計図（blueprint）」を作ることなのです。ですから，教材を実際に開発する過程はIDに含まれません。彼にとってのIDは，開発すべき教材を設計することであり，そのために教授活動の現状を評価することなのです。

（2）ケンプらのIDモデルとシステム的アプローチ

　ライゲルースと違い，ケンプら（Kemp et al. 1994；Morrison et al. 2006）はもう少し幅広い活動をカバーするようにIDの定義をしています。彼らは，「IDを学習者の能力を確かなものにしていくために，教授過程を効果的に計画・開発・評価そして運用するためのシステム的な方法である」（p.6）と定義しています。この定義には，4つの特徴があります。第1に，効果的・効率的なIDを

実践するために，多様な学習理論，メディアと技術，システム的なアプローチ，運営のための方略を取り入れていることです。第2に，IDとは教え方を改善する活動であると捉えるのではなく，学習者のパフォーマンス（仕事をするうえでの能力）を高める活動であると捉えていることです。第3に，ライゲルースが示した教授の5つの活動すべてを網羅しています。IDは，設計・開発・実施・運用・評価のサイクルを繰り返す活動であると見なしています。第4に，IDのシステム論的な視点を明確に持っていることです。

ケンプらは図1-2のようなIDモデルを提案しています。楕円形の内側には，9つのID活動が示されています。

①教授活動における問題を明らかにし，その問題を解決するための目標を決める。
②教授計画の段階において，考慮すべき学習者の特性を詳細に調べる。
③作業分析を行い，科目の内容を特定し，目的と目標に関連したタスクの構成要素を同定する。

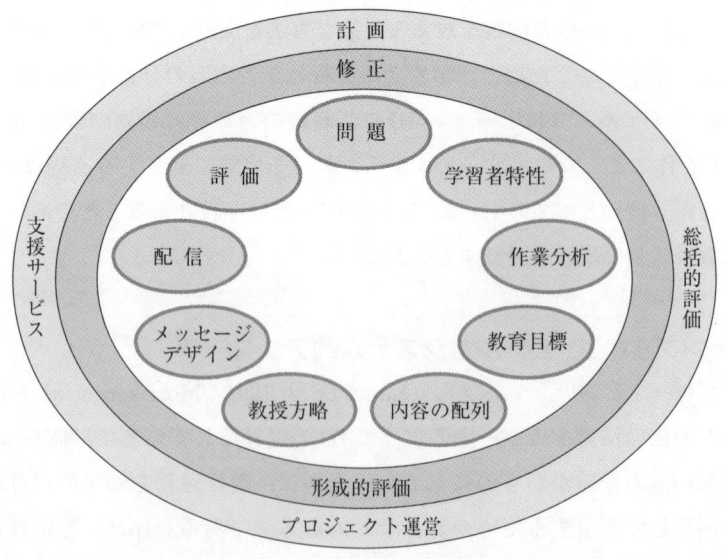

図1-2　ケンプのIDモデル（Morrison et al. 2006）

④学習者に対して**教育目標**（Instructional objectives）を明確に提示する。
⑤各単元内の学習内容を論理的な学習に適するように**配列**する。
⑥各学習者が目標を達成できるように，**教授方略**（Instructional strategy）を設計する。
⑦**教授メッセージ**（Instructional message）とその**配信方法**をデザインする。
⑧目標を達成したかどうかを査定するための評価手段を開発する。

　2つの外側の楕円形は，ID の機能である修正とフィードバックを図示しており，内側の楕円形の9つの要素を取り囲んでいます。モデルのなかで，ID は効果的な教授活動を行うための恒常的な設計・開発・実施・運用・評価を行うサイクルと見なされています。

　ケンプらによる ID の定義と同様に，ディックら（2004）は ID を教師，学習者，教材，学習環境などの要素が学習成果をあげるために，入念に分析・設計・開発・実行，そして評価されるシステム的な過程であると捉えています。とくに，システム的な過程が重要であると考え，ID を教授過程における分析・設計・開発・運用・評価する一連の段階を包括する概念と見なしています。ディックらのモデルは，第2章で詳しく紹介します。

　リーサーら（Reiser and Dempsey 2007）が編集した本の中で，グスタフソンらは幅のある定義を提案し，ID は，「一貫性と信頼性を保証し，教育・研修プログラムを開発するシステム的な過程である」（p.11）としています。ID とは教授活動における問題解決のためのシステム的アプローチであり，「創造的で，活動的で，双方向的な複雑な過程」（p.11）であると述べています。

　アメリカにおける ID の捉え方をいくつか説明しましたが，共通しているのはシステム的アプローチに基づいていることです。ID では，教授における様々な構成要素に焦点を当てるのではなく，それらの要素がシステムとして有機的に機能していることに焦点を当てています。そのため，インストラクショナル・システム・デザイン（Instructional System Design：ISD）と呼ばれたりします。システムとは，様々な構成要素を含む1つの集合体です。これらの構成要素は，システムとしての目的達成のために，相互に作用しあい，互いにダイナミックに関

わり合っています。このシステム的な視点に則って，目標を設定し，目標を達成するために，必要な要素を決め，実践していきます（Banathy 1968）。ディックらが述べたように，システム的アプローチでは，教授過程の成果として，学習者は教授の後にどのような学習目標を達成するか，ということに焦点が当てられます。そして，それをもとに教授方略や方法を計画していきます。

(3) もうひとつの ID アプローチ

　システム的アプローチを批判的に捉える人たちもいます。システム的アプローチでは，教授活動（つまり1つのシステム）を小さな構成要素に分解してしまうため，実行するには固定的であり面倒であると非難されてきました。ジョナサンら（Jonassen et al. 1997）は，従来の ID の概念とモデルを，学習状況を閉じられたシステムとして扱い，既存の知識を学習者に移転することに焦点を当て，実際の ID 活動において直線的なプロセスをあてはめているとして非難しています。

　ID のシステム的な視点を乗り越えるために，ジョナサンら（Jonassen et al. 1997）は，構成主義的な視点から，解釈学やファジー論理（fuzzy logic）そしてカオス理論（chaos theory）を提唱しています。これまで ID は意味を生み出すことより，知識の転移に関心を持ち，その方略に焦点を当ててきました。一方，解釈学は，学習者が学びの意味をつかめるような具体的な方策を提供してくれます。ファジー論理は，現実は構造化されていて，物事の境界は明瞭に定義されているという見方に異議を唱えています。その代わりに，多様な視点を受け入れ，学習者の主観的な視点を含み込む考え方を推奨します。カオス理論は，非線形で複雑な問題を解決するのに有効な手法を提供してくれます。問題を単純化しすぎず，生徒が複雑な問題に柔軟に取り組める手だてを用意します。

　メリル（Merrill 2007）は，伝統的な ID と構成主義的な ID のモデルと理論を再吟味し，5つの ID の第一原理が共通していると主張しています。
　①現実世界の問題解決に取り組むときに学習が促進される。
　②既有知識と新しい知識が結びつき活性化されるときに学習が促進される。

③新しく学ぶことを，「伝える」のではなく，「例示」することで学習が促進される。
④新しい知識を実際に活用できる場面で，学習が促進される。
⑤新しい知識を日常生活のなかに統合できるとき，学習が促進される。

(Merrill 2007, p.63)

　実際に行われている ID 活動を調べてみると，残念ながらこれらの第一原理があてはまるものは少ないと，メリルは説明しています。

　ID においてシステム的アプローチに代わる他のアプローチが提案され，教授に統合されていますが，システム的アプローチが実践の場において主要な役割を占めていることは事実です。本書では，主として ID へのシステム的アプローチに基づいて議論を進めてきますが，適宜 ID の代替アプローチによる方略も統合していきたいと思います。

1.2　日本での ID の捉え方

(1) 学校の先生のための授業設計

　ID という考え方は，アメリカで始まり 1970 年代に日本に紹介されました。よい授業を行うために前もって計画を立てるという意味で，「授業を設計する」「授業設計」ということばが使われてきました（水越 1976；大内・中野 1982）。

　日本では学校教育の目的と学習内容は文部科学省の学習指導要領によって決められ，検定を受けた教科書には教師用指導書が添えられています。そのため，「学習目標やニーズの分析，学習者の分析，学習内容の選択と配列，授業後の形成的評価，総括的評価，改善」というサイクルで総合的に考えるという手順はあまり必要性が高くなく，授業設計が射程とする範疇は主に個々の授業の作り方が中心になる傾向がありました。そのなかで様々な授業設計技法が考案されました。いくつか例をあげると，たとえば，沼野（1976）は教授フローチャートの利用を提案しました。これはコンピュータ・プログラミングの発想をもとに目標を分析し，指導過程の系列を明確化し，それを客観的に表現するという特長を持っていま

す。水越（1975）はブルーナー（Bruner 1961）の発見学習を採用し，教科別の実践モデルを研究しました。坂元（1980）は計画的・科学的な授業設計を行うために，教材内容を習得しやすさの観点から分析するコメット法と呼ばれる手法を開発しました。教師の指導計画に偏りが出ないための方法としては，複数の教科書を比較分析し授業計画に活かす授業設計技法があります（吉田 1987）。授業を設計し，その結果の授業がうまくいったかどうか，つまり授業の評価も重要な研究課題として展開しました。授業を受けた学習者からのコメントを取り入れる，授業をビデオに収めて分析するなどの手法も工夫されました（水越 1982）。学校教育の現場において，国語，理科，社会などの教科ごとにそれぞれの技法による授業設計と実践，そしてその評価が試みられたと言えます。

　このような授業設計は1990年代を通して個々の授業の改善や教師の力量形成にとって重要な位置を占めてきました。その後，2002年の文部科学省の学習指導要領改訂で，公教育に「総合的な学習の時間」が設けられてから，授業設計の概念を通常の教科教育よりも広く捉える必要が高まりました。「国際理解教育」「環境問題」「地域社会」「英語」など，総合的な学習の時間の学習目標，学習内容，配列を先生が独自に設定していく必要が出てきたからです。本来の意味のIDの必要性が出てきたといえるでしょう（村川 1989；水越 1997）。

(2) 語学教育におけるコース・デザイン

　IDのもともとの考え方，つまり教育の目的や目標の策定から評価までをサイクルで捉える考え方に基づいた授業の実践は，学校教育以外の分野で発達しました。文部科学省の学習指導要領なしに「教育」が実践される場面では，それが有用かつ必要なものだったからだともいえます。たとえば外国語としての日本語教育の分野では，早くからコース・デザインという用語でコース運営の技法として紹介され，教師養成課程の重要な項目となってきました（宮地・田中 1988；田中・斉藤 1993）。田中ら（1993）はコース・デザインを「教育の準備から終了にいたるまでの計画を作成すること」と述べ，そのなかに「ニーズ分析，学習内容の決定と配列，教材作成，授業の方法，評価」について解説しています。ただし，

その「コース・デザイン」の概念を見ると，IDの考え方とやや異なる部分があります。コース・デザインの考え方では，教育の「目的」に関する議論がなく，先生があるコースをまかされたところから実践するまでの場面が想定されています。

　コース・デザインが公教育における「授業設計」と違う点は，学習者のニーズ分析や学習内容の選択と配列が重要視されていることです。これは，日本語教育の分野が非常に多様であり，かつ学習指導要領のような指針が存在しなかったことから，当然ともいえます。学習者は日本国内だけを見ても小学校から高等学校までの外国人子女や帰国子女，大学入学前の就学生，留学生，種々の職種で働いている人々など広範に及び，また学習場面は公的な教育からインフォーマル教育を含み，学習目的も生活のための日本語から仕事，学業のための日本語まで様々です。また，海外に出て海外の様々な機関で日本語を教える場面もあり，そのときには孤軍奮闘するというケースも多々あります。このような背景から日本語教師養成の場面では，ひとりでカリキュラム開発から個々の授業まですべてを担うための教育技法として，コース・デザイン（つまりID）が重要だったといえます。

(3) eラーニングにおけるID

　eラーニングはインターネットの普及に伴い注目を集めている教育方法のひとつですが，日本国内では企業の研修，大学の遠隔教育，大学の授業の補完として広まっています。「インストラクショナルデザイン」というカタカナの用語は，このeラーニングの場面でよく用いられるようになりました。「教育の真のニーズ充足のために学習の効果・効率・魅力向上を図る方法論である」（経済産業省2003）と定義され，「IDプロセス」は「ニーズ調査，初期分析，設計，開発，実装・実施，評価というシステム的な教育コースの開発サイクルである」と述べられていることから，ADDIEモデルを下敷きにした概念が広まっていると考えてよいでしょう。最近では英語の頭文字をとった「ID」も使われ始め，eラーニングの開発と実践にあたって必要不可欠なものと考えられるようになりました。以

下に，企業研修の場面と大学の遠隔教育の場面について，簡単に解説します。

アメリカでは企業内研修を効率的に行う必要性からeラーニングと，その有効な開発のための方略としてIDの研究が進みました。その成果は，たとえばリーとオーエンズ（Lee and Owens 2000）の訳書などで日本に紹介されました。これは，企業が社員研修のためのeラーニングを教育プロダクトとして開発する場合の手法として，IDを解説したものです（清水監訳 2003）。青山学院大学総合研究所eラーニング人材育成研究センター（eLPCO：エルプコ）では，eラーニングを活用した企業内研修や高等教育のための教育システムについて研究や教育を行い，eラーニング専門家のためのインストラクショナルデザインについての概説書をまとめています（玉木 2006）。この中で，アメリカでのID研究の成果，たとえばディックらのIDモデルやリーとオーエンズのIDプロセス，ケラーのARCSモデル，ライゲルースの研究などを紹介しつつ，ADDIEモデルを基本にしたeラーニングの開発技法を解説しています。そして開発と実施にあたってはインストラクショナルデザイナー，コンテンツスペシャリスト，インストラクタなどのeラーニング専門家が必要だと述べています。

次に，高等教育の様子を見てみましょう。大学や高等専門学校では2003年の国立大学独立法人化など，教育研究環境の変化とともにICT化が推進されています。eラーニングはその中心的な課題であり，その開発や実践の技法であるIDが注目されるようになりました。鄭・久保田（2006）は世界の遠隔教育の現状を概観し，IDを遠隔教育に取り入れる際のガイドラインを示しました。赤堀（2006）は研修プログラム，市民講座，放送大学，eラーニングの講座などの講師をつとめるときには，学習指導案の範囲を超えてより幅広くデザインする必要があること，とくに，eラーニングや遠隔教育のような対面でない教授場面では専門的知識が欠かせず，そのためにはIDについて講師自身が学ぶか，専門家が必要だと述べています。そして，eラーニングに限らず，大学の授業を想定したIDの手法を解説しています。

吉田・田口（2005）は，大学におけるeラーニングの研究から，大学関係者の意識として対面型の授業と組み合わせたインターネットの利用が最も望まれてい

ることを示しています．これからの ID は，対面授業と e ラーニングを組み合わせた授業についても，扱うことが求められているといえます．本書でブレンド型の e ラーニングをとくに取り上げた理由もこの点に求められます．

1.3　e ラーニングのための ID ——考慮すべき重要な点

　前述したように，ID モデルは e ラーニング環境を設計するために活用されています．効果的・効率的・魅力的な e ラーニングを設計するためには，ID モデルの理解に加え，情報通信技術（ICT）の長所や短所を把握しておくことが大切です．本節では，e ラーニングを実践する際に，知っておくべきいくつかの点について考察を加えます．

(1) 拡張された相互作用

　e ラーニングとは，メディアを介したオンライン環境で学習することです．お互いに離れた環境のなかで，協調的に交流して学んでいきます．Web 上に学習に用いる資源（リソース）が置かれ，学習者はサーバーに置かれたリソースにアクセスし，自己のペースで学習を進めていきます（Jung et al. 2002）．学習者は孤立して学ぶのではなく，教師や他の学習者と双方向性のあるコミュニケーションをとりながら学ぶことができるので，大教室で行われる一方向の授業の欠点を克服することもできます．

　e ラーニングの環境では，他の学習者や教師，外部の専門家，マルチメディア教材と双方向的なやりとりができます．電子メールやフォーラムなどの非同期のコミュニケーションでは，時間や場所を気にする必要もありません．一方で，チャットやテレビ会議などのツールは，同期的なコミュニケーションを可能にしてくれます．さらに，インターネット接続できれば，世界中に存在する Web 上の学習リソースをどこからでも取り出すことができます．

　先行研究によると，活発な相互作用に影響を与える要因として，コースの構造，クラスサイズ，迅速なフィードバック，教師の Web 上の調整能力，コンピュー

タの経験があげられています。さらに，協調学習は学習者間の相互作用を促進し，問題解決に取り組む力をつけることができると報告されています。

(2) オンライン学習コミュニティ

学習者が個別学習をするのか，あるいはオンライン上で協調しながら学習をするかは，eラーニングコースの設計にかかっています。オンライン上に学習コミュニティが作られることによって学習が促進されるということは，これまでの研究で明らかになっています。

オンライン学習コミュニティとは，学習者が同期・非同期で互いに交流し合い，協調的な作業を進めていく集団のことです。学校教育においては，教師が学習目標を特定し，生徒はインターネット上でこの目的を協同で達成するためにコミュニティを形成します。生涯教育では，共通の関心を持つ人たちがネットワーク上で集い，ブレインストーミングしたり，議論をしたりして問題解決の方策を探ります。事前に用意された学習内容に沿って学習を進めるのとは違い，オンライン学習コミュニティでの学習は，参加者たちの協同活動のなかで展開していきます。

(3) ラーニングオブジェクト

ラーニングオブジェクト（LO）とは，動画や音声，テキストなどを含んだ学習コンテンツの基本単位となるものです。「デジタル化されたひとかたまりのコンテンツであり，ICTを活用した学習では，ライブラリに保存することで利用，再利用をしやすくなる」(Rehak and Mason 2003, p.21) ことを目指したものです。また，違うコースにおいても「何度も再利用できる小さなコンテンツ」(Wiley 2001) なのです。LOのサイズは，1つのモジュールであったり，1つの単元であったり，1つのコースであったりと，多様です。

Wisconsin Online Resource Center（WORC）によると，LOは学習コンテンツを考える視点を提供してくれるといいます。これまで，学習コンテンツとは，時間軸に沿ったチャンクのつながりという形で提示されてきました。LOは，学習コンテンツの最小単位であり，1つのかたまりはだいたい2分から15分ぐら

いです。このかたまりは，自己完結しており，再利用可能なものであると捉えられています。そして，すべての LO は，メタデータが付加されているため，容易に検索ができます。

　e ラーニングのコンテンツを設計していくときに，この LO という概念は学習内容を組織化していくうえで新しい方法を提供してくれます。しかし LO は独立した構成要素として開発されるため，学習の文脈を無視したものになっているとして警告を発する研究者もいます。

第2章

ID モデル

> Things should be as simple as possible, but not simpler.
> —— Albert Einstein

　鈴木（2005）は，「インストラクショナルデザイン（ID）とは，教育活動の効果・効率・魅力を高めるための手法を集大成したモデルや研究分野，またはそれらを応用して学習支援環境を実現するプロセスのことを指す」と定義づけています。ID 理論は1つにまとまった体系というよりも，様々なモデルや理論が集積したものと見なしたほうがよいでしょう。つまり，学習者の特性や置かれている文脈にあわせて，適切な理論やモデルを選ぶわけです。1つの理論が，どのような教育場面にもあてはまるわけではありません。

　第2章では，まず ID 理論の前提となる学習理論を概観します。次に，学習に関する3つのアプローチ（行動主義，認知主義，構成主義）と ID との関連について説明します。そして，多様な ID モデルを紹介し，それらの活用の方法について考察を加えます。

2.1 学習理論の3つのアプローチ

　学習に関する研究には3つの大きな流れがあります。1つは行動主義で，学習とは「経験による行動の変容」と定義して，観察可能な行動を調べることで学習の仕組みを明らかにしようとしました。2つ目は認知主義と呼ばれるアプローチです。コンピュータの発達と並行して，1950年代後半から発展してきました。人間をコンピュータのアナロジーとして捉え，学習の内的過程をモデル化して説明しようとしてきました。そして第3の流れは，1980年代半ばから文化人類学や社会学の影響を受けて台頭してきた構成主義です。学習とは知識を頭にため込むことではなくて，道具を使って社会的実践ができることであると，学習を社会的な側面から再定義しました（市川 1995）。ここでは，これらのアプローチについて概観していきましょう。

(1) 行動主義

　行動主義では，「条件付け」が学習の基本であると見なしています。条件付けには古典的条件付けとオペラント条件付けの2つの型があります。**古典的条件付け**とは，刺激と反応に生得的な結びつきがある場合，その刺激のほかに別の刺激を与えると，次第に別の刺激だけでも反応が起きることを指します。たとえば，パブロフの実験によると，犬に肉片を与えるとき唾液が出るのは生得的であり，**無条件反射**と呼びます。そして犬に肉片を与えるとき同時にブザーを鳴らすと，次第に犬はブザーの音だけで唾液を出すという反応を起こします。つまり，ブザーという刺激に対して唾液を出すという反応が新しく結びついたわけで，これを**条件反射**と呼びます。

　オペラント条件付けとは，ある一定の行動をとったときに報酬を与えると，その行動の頻度が高くなる現象のことです。たとえば檻に入れられたネズミが，中で動き回っているときに偶然レバーが動き，えさが出てきたとします。ネズミは次第に，レバーを押せばえさが出てくることを学習し，頻繁にレバーを押すようになります。これをオペラント行動と呼びます。自発的な行動に続いて，報酬や

罰を与えることでその行動を強化したり，弱めたりすることにより学習が起きると捉えられています（浅井 1985）。

行動主義の学習理論では，学習は行動の変化として外から観察でき，測定可能であるという前提に立っています。つまり刺激を与えることで行動が変化し，その変化を測定することで学習したかどうか確認することができるわけです。だから教授は刺激を調整することで行われ，学習は報酬をもらうことで強化されるという原則が成り立ちます。

(2) 認知主義

認知主義は，人をコンピュータのアナロジーとして捉え，情報処理システムとしての人の認知構造をモデル化していこうとするアプローチです。たとえば記憶の貯蔵庫モデルでは，人が記憶をするとき，3つの貯蔵庫によってそれぞれ違う形で情報処理が行われると説明しています。まず，外部からの刺激は，感覚登録器に貯蔵されます。感覚登録器は大容量ですが，情報は非常に短時間（0.25～2秒程度）しか保持できません。また，蓄えられた情報は，刺激のコピーであり，そのままでは意味のある情報にはなりません。感覚登録器内の情報のなかで注意の向けられた部分が，長期貯蔵庫の情報と参照されることで意味が与えられます（パターン認識）。意味の与えられた情報は，短期貯蔵庫へ転送されますが，短期貯蔵庫は容量が小さく7±2チャンク程度しか保持することができません。また，その保持時間も十数秒から数十秒しかありません。長期に記憶するには，何回も繰り返したり，意味的な関連づけをしたりすることが必要です。そうすることで，情報を長期貯蔵庫へ転送することができます。長期貯蔵庫は，容量も大きく，長い間情報を保持することができます。情報処理は短期貯蔵庫で行われるので，何かが意識にのぼってくるというのは，長期貯蔵庫から情報が検索され，短期貯蔵庫へ送られた結果であるといえます。つまり，短期貯蔵庫は作動記憶として働き，記憶過程全体をコントロールする働きもあります。

認知主義では，学習者が持っている知識（長期貯蔵庫に保存されている知識）と新しい知識がつながることで意味のある学習ができると捉えられています。

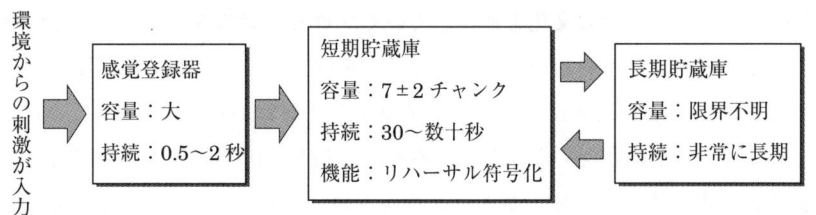

図2-1　記憶の貯蔵庫モデル（白樫 1995）

（3）構成主義

　構成主義では，知識は学習者自身が人や道具など外界との相互作用を通して，構成されるという立場をとります。知識の構造を詳細に分析することで，学習者にわかりやすく知識を伝達できるとする学習論とは，基本的な前提が大きく違います。構成主義には様々な立場や考え方がありますが，「人は環境との相互作用を通して，知識を構成していく」という前提は共有されており，行動主義や認知主義の見方とは一線を画しています。構成主義の考えに基づいたいくつかの学習論を紹介しましょう。

　ピアジェ（Piaget 1952）は，人がどのように知識を獲得していくかという過程に注意を向け，外界との相互作用を通して，同化と調節を行う均衡化という概念を取り入れています。人は，新しい情報を取り入れ，これまで構成してきたスキーマの中に取り入れようとします。取り入れた情報はすぐにスキーマの一部として同化する場合もありますが，一般的に新しい情報はそのままでは既存のスキーマの中にすっきりと収まりません。スキーマの構造を修正して，新しい情報が全体として整合するような形に，スキーマを再構成するわけです。このように人は外界との相互作用を通して，新しい知識を作り出していくために，同化と調節を繰り返していきます。

　この知識を構成していくプロセスは，周りに何もないところで起きるわけではありません。私たちは，文化・社会・歴史的な状況のなかに存在します。そして，その環境のなかで様々な人たちと会話を交わし，道具を使いこなし，協働で活動をし，問題を解決していきます。こういう見方をすると，学習とは，ある特定の

文化のなかに入り，その文化を獲得していくプロセスであると捉えることができます。この考え方は，刺激や反応として学習を捉えたり，脳の中の記号操作として学習を捉えたりする見方とは大きく異なることがわかると思います。つまり，特定の文化・社会的状況のなかで他人や道具と相互作用を媒介とした実践そのものを学習と捉えるわけです。レイヴとウェンガー（1993）は，「学習とは文化的な実践に参加することである」と定義づけています。

　ヴィゴツキー（Vygotsky 1978）は，学習の文化的・歴史的な側面に焦点を当て，子どもが成長していく過程で，その周りの人たちが果たす役割の重要性について説明しています。子どもは周りの大人や仲間の行動を観察し，模倣します。この模倣は機械的にまねるのではなく，子どもにとっては新しい意味を作り出す知識を構成する過程であり，オリジナルな活動と捉えられています。子どもが周りの支援がなくともひとりで解決できるレベルと，その問題解決過程を大人や仲間が援助してくれたときに達成できるレベルとの間に存在する領域を「発達の最近接領域」（zone of proximal development：ZPD）と呼びます。子どもは周りからの支援を受けて，ひとりではできないこともできるようになりますが，次第に大人の支援を受けなくともひとりでできるようになってきます。ZPD は，人の学習が社会的性格を強く持つものであることを説明しています。それは大人からの学びだけでなく，互いに仲間同士が学びあう協同学習にもあてはめることができます。

　このように学習を捉えると，教室という社会から隔離された空間のなかで学ぶよりも，現実の社会状況を取り入れた学習が必要なことがわかります。先生から成績をつけてもらうために学ぶのではなく，ほんものの相手と協同しながら問題を解決していく学習のほうが，私たちにとって意味のある活動になります。そして，知識はその知識を実際に使う状況から切り離して活用することは，意味がなくなってしまうことになります（大島ら 2006）。

　構成主義は，学習過程を「状況に埋め込まれた活動」として捉えています。言語を媒介とする道具的な思考を基本とし，対人的なコミュニケーションとともに自己内コミュニケーション過程を通して，社会に参加していくことそのものが学

習であると見なします。知識は社会的な相互作用のなかで構成されるという立場をとり，学習の社会的性格に重点をおきます（Jonassen 1999；レイヴとウェンガー 1993；市川 1995）。

2.2　学習理論から ID 理論へ

　学習理論とは，人がどのように学習するかということを記述的（descriptive）に説明したものです。どのように教えるべきかという方法論は，学習理論から直接導き出すのは難しいといえます。どのように教えるのがよいか，その具体的な方策を考えるには，学習理論をもとに「教えるためのデザイン」を提示する必要があります。それを ID 理論あるいは ID モデルと呼びます。つまり，ID とは教育活動を効果的・効率的・魅力的にするためのデザインのガイドラインです。ですから ID は，デザインを指向した方法論を提供する処方的（prescriptive）な理論であるということができます。

　具体例としてスキナーのプログラム学習という ID モデルがあります。プログラム学習とは，スキナーが提唱した個別学習の方式で，学習者は自分にあったスピードで問題を解いていくことで学習します。この ID モデルでは，プログラム学習の教材を制作する際に考慮すべき 6 つの点をあげています。

① スモール・ステップ　　興味を失わないように，学習を少しずつ難しくしていきます。
② フェーディング　　最初はヒントを与えて問題解決の支援をしますが，次第に支援の量を減らしていきます。
③ 即時確認　　学習者が回答したら，すぐにフィードバックを与えます。
④ 積極的反応　　学習者が積極的に反応できる仕組みを組み込みます。
⑤ 自己コントロール　　自分のペースで学習を進めさせます。
⑥ 学習者による検証　　学習者が目標をどれくらい達成したかで教材の効果を確認します。

　ライゲルース（Reigeluth 1999）によると，ID 理論には少なくとも 2 つの要

素が必要であるといわれています。1つは、学習を促進させる**教授方略**（instructional strategy）です。もう1つはその教授方略をいつ使うべきか、あるいは使ってはいけないのかという状況（situation）です。つまりID理論は、状況にかかわらずどこにでもあてはまる大理論（grand theory）ではなく、ある状況の下であてはめることができる限定的な理論であると考えるからです。状況には、さらに学習の条件（learning conditions）と期待される学習成果（desired learning outcomes）の2つの側面があります。学習の条件については、以下の4つの項目を考慮しなければなりません。

①学習内容の特徴　自転車に乗ること（運動スキル）とニュートンの法則を理解し適用すること（認知的スキル）とは違う教え方をしなければいけません。

②学習者の特徴　学習者の既有知識、学習の仕方、動機づけはそれぞれ異なるため、学習者の特徴にあわせた教え方が必要になります。

③学習環境の特徴　どのような環境で学ぶかにより教え方も違ってきます。たとえば、自宅で自習をする場合、同じ年齢の30人が教室で学ぶ場合、小グループで問題解決に取り組む場合では、教え方を変えないといけません。

④教育開発する際の制約　開発するための費用・時間・人材はどのくらいあるかによっても教え方が変わってきます。

期待される学習成果は、学習目標とは違います。それは、学ぶ内容を規定するのではなく、教育システムにどの程度の効果・効率・魅力を求めるかということです。

①効果　効果とは、デザインした教授がどのくらいうまくできたかを示すことです。それは教育目標がどの程度達成されたかで判断をします。

②効率　いくら効果が高くても、学習者が目標に到達するのに時間やコストがかかりすぎては効率的とはいえません。効率は、効果を時間とコストで割ることで算出できます。

③魅力　効果と効率が良くても学習者自身が学習を楽しめなければ十分とはいえません。魅力的な教材なら学習者は楽しんで学ぶことができ、次の学習

へも意欲が維持できます。

　これらの3つの要素は二律背反的な関係を持つことがあります。たとえば効果の高い教育を実現しようとすると，開発に時間やコストがかかり効率が悪くなります。また，効果が高い教材ができたからといって，学習者は楽しんで学ぶとは限りません。ライゲルース（Reigeluth 1999）によると，IDはデザインを指向した処方的理論であり，学習の条件と期待される学習成果を明瞭に示すべきであると主張しています。

2.3　教授システムと学習環境

　IDを「教授（インストラクション）をデザインする」ことと捉えると，まず教授（インストラクション）とは何かということを明確に定義する必要があるでしょう。ロミスゾウスキー（Romiszowski 1981）は，「教授」を表2-1のように説明しています。彼によると「教授」とは，具体的な目標を設定し，事前に計画を立て，教材などを用意して実践するものであると捉えられています。たとえば，教室で授業を行う場合，教師は事前に教える内容を決め，目標を設定し，授業案を作成します。そして，授業案に沿って必要な教材やワークシートなどを準備して授業に臨みます。「教授」とはこういうプロセスを含むものとして捉えられています。ここでは，目標の設定や学習方法の選択を教師がするのか，それとも学習者がするのかということはそれほど重要ではありません。それよりも事前に目標が設定され，計画され，準備されたかどうかということが重要になるわけです。

表2-1　教授の定義（Romiszowski 1981）

		具体的な目標を設定しているか	
		Yes	No
事前に計画をたて，教材を用意するのか	Yes	教授（instruction）	劇場，博物館，遠足，図書館などでの学習
	No	プロジェクト，研究活動，徒弟的な学習	意図的でない学習

目標設定や計画，実践の一連のプロセスを取り入れることをシステム的アプローチと呼びます。そして教授と学習の行われる枠組みをシステムと呼びます。IDは，ISD（Instructional System Design）とも呼ばれ，教授をデザインするということは「教授システム」をデザインすることであると考えます。

　システムは，システムの内と外と明確な境界線があります。インストラクショナルデザイナーは，システムの内側に責任を持ち，いろいろな要素をコントロールし，目標を達成しようとします。ロミスゾウスキーは，IDとは「教授システム」をデザインする方法論であると明確に定義づけをしています。表2-1の他の3つの領域は教授システムとは呼びません。ロミスゾウスキーの定義によると，IDを適応できない領域といえます。

　ロミスゾウスキーのこのような「教授」の概念に対して，構成主義の考え方では，「学びの文脈」を重視し，教授システムよりも広い枠組みである「学習環境」という捉え方をします。つまり，表2-1の4つの枠組みすべてを含み込んだ領域を学習環境と捉え，より幅のある学習状況を配慮したデザインを考えます。

　IDは基本的に折衷的な考え方をとります。役に立つ学習理論をどんどん取り入れて，教育をデザインする手だてとしようとしてきました。構成主義が出現してきたときにも，構成主義の考え方を取り入れようとしました。しかし，構成主義の考え方は，これまでのIDと大きく違う前提を持っています。その1つが教授システムと学習環境という枠組みの違いです。従来のIDでは，明確な目標を設定することで，教える内容が具体的になり，その内容に沿って教えることで知識やスキルが身につくと考えます。IDはそのためのデザイン手法です。これは，行動主義と認知主義の考えがもとになっています（Gagne 1985；Keller 1983；Merrill 2001）。それに対して構成主義の考えは，意図的でない学びも含んだ「学習環境」という広い枠組みのなかで，教授ではなく，学びをどのように支援していくかという点にデザインの中心をおきます（Jonassen 1999）。

　実際にIDを進めるプロセスでは，この2つの考え方を折衷し，学習者の文脈にあわせた方法を取り入れます。理論やモデルは現実の一部を説明するものであり，どれも完璧なものではありません。現実の状況にあてはめてIDを実践する

ときは，いろいろなモデルを組み合わせて活用することが大切です。

2.4 アプローチの違いから見る目標設定と課題分析

　IDを実践するにあたって最初に考えることは，何を学ばせるか（教育目標）ということです。目標を明確に示すことができれば，その目標を達成するための課題は何かを分析することができるようになります。しかしながら，目標設定と課題分析の方法は，3つの学習理論のアプローチでそれぞれ違いがあります。

(1) 教育目標の設定
　どのように教育目標を設定するべきかは，どのようなアプローチをとるかによって違ってきます。行動主義では，具体的で，測定可能な行動目標を設定します。たとえば，メーガー（Mager 1975）は，条件・行動・基準の3つの項目に沿って目標を設定することを推奨しています。

〈例1〉

> 条件：3桁の足し算について50問書かれているワークシートを与える。
> 行動：学習者は正しい答えを書くことができる。
> 基準：90点以上の成績をとる。

　具体的な目標を設定すれば，どのような指導をするべきかが明確になります。しかし，このような目標設定は，細切れで，測定可能な指標に注意が向き，単に問題解決のテクニックだけを教えることに集中させることになるという問題を含んでいます。

　認知主義においても測定可能な目標を推奨していますが，高度な学習になるほど具体的な目標設定は難しくなります。たとえば，「生徒はより創造的になる」という目標は，曖昧で多様な解釈の余地を残しているため，目標を達成できたかどうか判断することが困難です。そのためより下位の目標をいくつかあげ，より具体的な内容を示すことを推奨しています（Gronlund 2000）。

〈例2〉

> 教授目標：学習者は，科学に関する議論を通して，論理的に考える力を身につける。
> 行動指標：学習者は科学議論の長所と短所をあげることができる。
> 学習者は提示されたデータをもとに，仮説が正しいかどうか判断することができる。

構成主義では，目標はより一般的で，幅広いものとなります（Wills 1998）。また，教師が事前に目標を設定するのではなく，学習者自身が自分の学習に責任を持ち，自己評価できる目標設定が推奨されます。教師と生徒が話し合うなかで，双方が納得のいく目標を設定し，それに向かって学ぶ自律的な学習を進めるための目標設定です。学習者自身の目標設定の良い点は，学習者のニーズや関心の反映したものになり，自己調整的（self-regulated）な学習を進めやすくなることです。

(2) 課題分析（task analysis）

課題分析とは，目標を達成するための課題の構造を明確にすることです。もともと課題分析は行動主義に基づいて開発されましたが，どのIDアプローチにおいても必要なものです（Jonassen et al. 1999）。

行動主義の課題分析では，連鎖（chaining）と階層（hierarchy）という課題の違いをまず明確にすることから始めます。連鎖分析とは，ある課題を達成するまでに必要な下位のステップとそのステップを踏む順番を明らかにすることです。たとえば，パンクしたタイヤを交換するために必要なステップを順番に並べていきます。学習者はそのステップを順に踏むことで課題を達成できます。階層分析では，課題を達成するために必要な前提となる知識・スキルを明らかにし，その階層構造を作ります。そうすることで教える順番が明確になります（図2-2参照）。

認知主義の課題分析では，人の情報処理プロセスにおける思考の順序を明らかにします。問題を解くときにどのような思考過程をたどるか，学習者に考えてい

連鎖

階層

図2-2 行動主義の課題分析

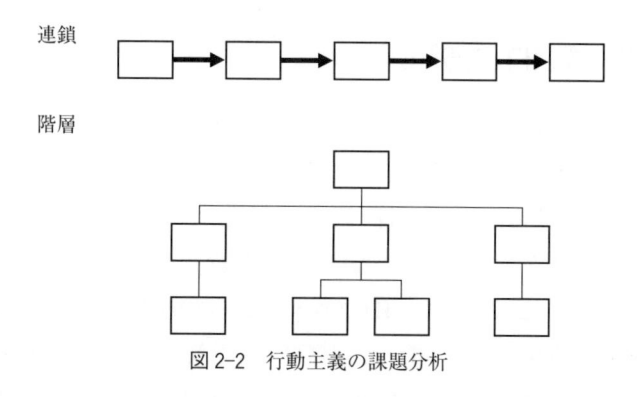

ることをそのまま声に出してもらい，それを記録していきます。それをフローチャートに表し，どのように思考が展開されるかを明らかにします。また，初心者とエキスパート（熟達者）の思考過程をこの方法で明らかにし，比較することで学習課題を明確にします。

　構成主義では，実際に問題を解決しなければならない状況に置かれたときに，意味のある学習ができると考えられています。課題分析では，問題に取り組み，解決していく過程を分析することで，意味のある学習がどのように行われるのか明らかにしていきます。ある特定の専門分野において専門家はどのように研究をするか，専門家が仕事をする環境を参与観察するなかで，課題分析をします。たとえば「地理」の課題分析の場合，地理学者がフィールドでどのような問題解決活動をするかを分析し，それをもとに地理学習のデザインを考えます。

　これまで説明したように，行動主義，認知主義，構成主義の立場の違いは，IDプロセスにも影響を与えることがわかります。ですから，どのような基本的な考え方を自分は持っているか自覚的になることはとても重要なことです。しかし，実際のIDプロセスでは，特定のID理論に固執するのではなく，状況に合わせて多様なIDモデルを組み合わせていく柔軟性が必要です。どのような状況にもあてはまる最良のIDモデルは存在しません。学習者の置かれている状況に合わせて，どう組み合わせていくべきか考えることが大切です。それではどのようなIDモデルが実際に活用されているのか，いくつか紹介しましょう。

2.5　様々な ID モデル

(1) ADDIE モデル

　ID モデルの特徴のひとつは，システム的アプローチです。私たちが普段の生活において活動をする際にも，計画を立て（Plan），実践し（Do），その活動を評価し（See），そして次の計画につなげていく活動をしています。これを「Plan-Do-See サイクル」と呼びます。ID プロセスも基本的にはこの「Plan-Do-See サイクル」を繰り返すことで教授・学習プロセスを改善していくことができます。まず，「何を学んでほしいのか（教育目標）」，「目標を達成するための最適な方法は何か（学習方法）」，「目標が達成できたかどう測定するか（評価）」の3つの点を計画（Plan）段階で明らかにします。そして，計画に沿って実践（Do）し，目標の達成度はどうであったか評価（See）します。毎日の授業を行っている教師は，このプロセスを意識的に行っているわけではありませんが，基本的にこのプロセスに沿って授業を実践し，改善していると見なすことができるでしょう。

　この Plan-Do-See プロセスをさらに精緻化した ID モデルは ADDIE モデルと呼ばれます。ADDIE モデルは，ID プロセスの基本的な流れを説明しています。ADDIE とは，ID プロセスの5つの段階を頭文字で示したものです。

①Analyze（分析する）　　　学習者の特性，教育内容を分析します。
②Design（設計する）　　　　目標を設定し，教授手法を決めます。
③Develop（開発する）　　　教材を作成します。
④Implement（実施する）　　実際に教授を行います。
⑤Evaluate（評価する）　　　教材が目標を達成するのに役立ったかどうか評価します。

　多くの ID モデルは，この ADDIE モデルの発展形です。とくにディックら（2004）の ISD モデルは典型例です。

(2) ディックらのISDモデル

ディックら（2004）は，システム的アプローチの考え方をもとにし，IDの流れを大きく10段階に分けたISDモデルを提示しています（図2-3参照）。このモデルの提示する手順に沿って教育プログラムをデザインしてみましょう。

①教育目標を明確にするためのニーズアセスメント

まず，学習者はどのようなニーズを持っているかを分析します。つまり，教育プログラムを受けることで学習者は何ができなければならないかを明らかにします。それにはまず問題状況を把握し，学習者のニーズを満たすためには，どのような知識・スキル・態度を身につけるべきかを調べます。学習者のニーズが明らかになれば，教育プログラムの目標を設定しやすくなるでしょう。

②教育目標の分析

学習者が身につけるべき能力は，知的技能，言語情報，運動技能，態度の4つの領域に分けることができます。教育目標を明確に設定し，その目標を達成するために学習者が行うべきことを細かく分析し，その構造を明確にしていきます。そのためには，学習者が受講する前に，前提となる知識・スキル・態度を明らかにする必要があるでしょう。

③学習者分析とコンテキスト（文脈）分析

教育目標を分析することと並行して，学習者の分析を行います。学習者が知識・スキルを学ぶ状況，学んだものを活用する状況について明確にします。なぜなら

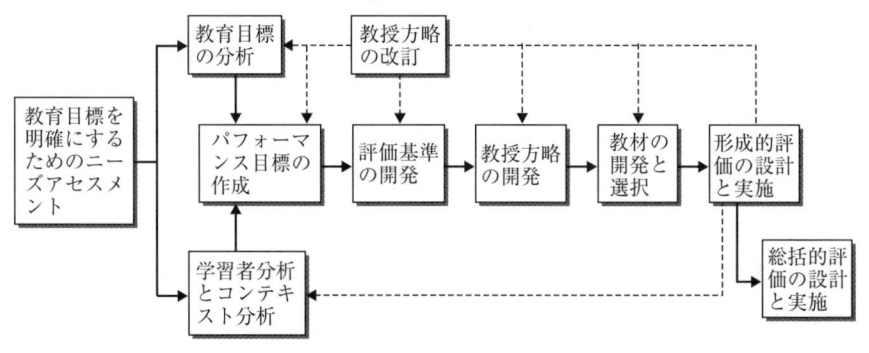

図2-3 ディックら（2004）のシステム的アプローチ・モデル

知識やスキルを学ぶ場面と実際に活用する場面とでは，置かれている状況が違うことが多いからです。実際に活用する場面における学習者の知識・スキルのレベルや態度を分析する必要があります。この分析は，教授方略を決めるうえで重要な準備となります。

④パフォーマンス目標の作成

①から③までのステップに基づいて，学習終了後に，学習者ができるようになることを具体的に記述します。パフォーマンス目標では，観察可能な表現を使い，学習終了後の評価をしやすくします。つまり，スキルを適用する際の状況や条件，そして求められるパフォーマンスのレベルを決める基準を具体的に示します。

⑤評価基準の開発

パフォーマンス目標が達成されたかどうか判断を下す評価基準を作ります。また，パフォーマンス目標を達成したかどうか確かめる評価方法を選びます。目標に対して，どのようなテストを実施するか，テストの内容も含めて開発します。

⑥教授方略の開発

パフォーマンス目標を達成するためには，どのような教授方略をとるかを決めます。教授方略とは，グループ討議，個別学習，講義，グループプロジェクトなどを含みますが，eラーニングでは自学自習が基本となります。教授方略の開発は，1回ごとの授業におけるマイクロデザインであり，実施前の活動，情報の提示，演習とフィードバック，テスト，フォローアップ活動などが含まれます。最新の学習理論研究をもとに，教育メディアの特徴，教育内容，学習者の特徴などを考慮し，適切な教授方略を開発していきます。

⑦教材の開発と選択

教授方略が決まったら教材を作成します。教材には教科書，学習指導書，ワークブック，テストなどが含まれます。すでにあるものの中から選択するか，新規に開発するかを決めます。教材は印刷メディアだけでなく，視聴覚メディアやコンピュータなどを使ったものも含まれます。最近ではWeb教材がよく使われるようになってきました。

⑧形成的評価の設計と実施

　教授・学習プロセスの第一段階を開発した後，それを改善するための一連の評価を形成的評価と呼びます。実際に，何人かの学習者に教材を使ってもらい，どのくらい効果があったか，データを収集します。

⑨教授方略の改訂

　形成的評価の結果，学習者が目標を達成するのが困難なことがわかった場合，原因を明らかにして，教授方略の問題点を特定していきます。収集したデータと照らし合わせて，パフォーマンス目標とテスト項目を再検討することも必要です。そして教授方略の見直しを図り，改訂することで効果の高いものにしていきます。

⑩総括的評価の設計と実施

　総括的評価とは，教授方略がどのくらい効果があったのかを総合的に評価することで，学習者が実際に教育を受け終わった段階で行われる評価です。ですから，総括的評価はIDプロセスが完了した後の評価になります。この評価は，IDに携わった人が行う評価ではなく，外部評価として行われるものです。そういう意味で，総括的評価はIDプロセス自体にとって不可欠なステップではありません。

(3) ガニェの「学習の条件」と「9つの教授事象」

　ガニェのID理論は認知主義の学習理論を取り入れ，様々な教授場面で幅広く利用されてきました。その特徴は，①学習成果（learning outcomes）の分類の仕方と②教授事象（events of instruction）を提示し，③学習成果の種類により学習の条件が異なることを概念化したところにあります。

　ガニェは，学習成果を言語情報，知的技能，態度，運動技能，認知的方略の5つに分類しています（詳細はガニェら2007を参照）。

　言語情報とは，認知心理学における宣言的知識のことです。それは事実，リスト，名前などであり，学習者はそれらを覚え，リストにしたりすることができます。言語情報は，低次の学習と見なされますが，より深い学習をするための前提知識となるものです。

　知的技能とは，理解したことを実際にあてはめてみる能力のことで，**手続き的**

表 2-2　知的技能の下位構造（Gagne et al. 1992 を参考に）

知的技能の分類	説明	例
弁別	2つのものを直感的に区別する。	アルファベットのbとdを区別して読んだり書いたりできる。
具体的概念	具体的なものを認識する。	木，犬，机などが具体的概念の例である。
定義された概念	一般的で抽象的な概念であり，定義を明確にして認識する。	「平和」「民主主義」「負の数字」などは定義された概念の例である。
手順・原理	ある場面を理解するための一般化した記述。手順は，課題を達成するための一連の活動を指す。原理は，「もし〜，ならば〜」という記述をとる場合がある。	手順「パンクを修理するには，まず〜，次に〜，第3に〜，……。」原理「もし物体に力が働けば，物体は加速する」
高次な思考	手順や原理を組み合わせて新しい状況に対処する。	環境に関するこれまでの知識を総合して，ゴミ問題の解決に向けてのガイドラインを作成する。

知識に相当します。たとえば，目の前にいる動物を「犬」であると判断したり，いろいろな動物をほ乳類とは虫類，両生類に区別したりすることを指します。さらに，いくつかの原理を組み合わせ，高次な理解をすることも含まれます。知的技能の下位構造を分類したものを表 2-2 に示しています。

　態度とは，好みや関心などの情意領域における学習のことを指し，ある行動を選ぶときの基準となるものです。たとえば，学校ではいじめをなくすために「友達を差別することは良くないことである」ということを教えようとします。このような態度を育成することは，1時間の授業では難しく，時間をかけて，いろいろな体験を通して少しずつ発達していきます。

　運動技能とは，認知活動に伴いある行為を行うことです。跳び箱を跳んだり，ビデオ撮影をしたり，陶器を製作したりことなどが含まれます。たとえば，野球でストライクボールを投げるには，練習を繰り返すことが必要であり，運動技能に分類されます。しかし，ビデオデッキの録画ボタンを押すことは，録画の仕組みを理解すればボタンを押すために繰り返し練習する必要はありません。つまり，

録画ボタンを押すという行為は，運動技能ではなく，知的技能に分類されます（ディックら 2004）。

認知的方略とは，自分の学習状況を把握し，問題解決の方略を見つけ出したり，自己の学習活動をコントロールしたりすることを指します。学習スキルとかメタ認知とも呼ばれています。

学習成果を分類することにより，どのような目標を設定するべきか，その目標はどの学習成果に相当するか明らかになります。そうすることで，適切な教授方法を選択することができるようになります。

次に，ガニェ（Gagne 1985）は，認知心理学の理論をもとに9つの教授事象を取り上げ，効果的に学習を進めるためには，この順番に沿って教授方略を用意していくことが重要であると述べています。しかし，単にこの順番に授業を展開するだけでなく，これらの9つの事象を教授要素と見なし，適切な組み合わせを考え，最も学習効果が上がるデザインをすることが大切です。

①**学習者の注意を獲得する**　まず，学習者が注目するように，刺激を与えます。学習内容と学習者の興味・関心とをつなげることが大切です。

②**学習者に目標を知らせる**　学習目標を提示します。目標に関連のある質問をし，学習成果の具体例を提示します。

③**前提知識を思い出させる**　新しい事柄を学ぶために必要な知識やスキルを確認し，学習内容の概要を提示します。

④**新しい情報を提示する**　学習成果に関わる活動を促します。たとえば，教科書を読んだり，ビデオを見せたり，図を使って説明したりします。

⑤**学習の指針を与える**　学習者が知っていることと学ぶ内容を結びつけます。具体例としては，ヒントを与えたり，アドバイスをしたりすることです。

⑥**練習の機会をつくる**　学んだことが実際にできるようになるため，いろいろな場面で問題を解決する力をつけます。

⑦**フィードバックを与える**　学習結果についてのフィードバックを与えます。たとえば，ゴルフのスィングの練習をした後に，問題点を指摘し，改善につなげていきます。

⑧学習成果を評価する　学んだ事項をテストします。練習では間違うことで学びを深めることを目指しますが，評価では次に進むために習得したことを確認することに主眼を置きます。

⑨学習の保持と転移を促す　状況をいろいろ変えて練習することで，他の状況でも応用が利くようにします。また，自分の学習したことを振り返り，反省材料にします。

（4）ラピッド・プロトタイピング・モデル

　分析・設計・開発・実施・評価（ADDIE）のそれぞれのステップを踏んだIDプロセスは，一般的に大がかりなものになり，時間や費用がかかりすぎる場合があります。完成した教材を長期間にわたり多数の学習者が利用する場合は，採算がとれますが，学習者の数が少ない場合や，教材を短期間に改訂する必要がある場合などは，費用や時間をかけすぎると採算割れを起こすことになります。また多様な学習者のニーズに的確に対応するためには，個々のニーズにあった教材を短時間で開発していく必要が出てきます。そこでラピッド・プロトタイピングでは，IDプロセスを短縮化し，試作品を作りそれを何度もテストし，修正を加えていくことで効果の高い教育システムを開発する方法が提案されています（図2–

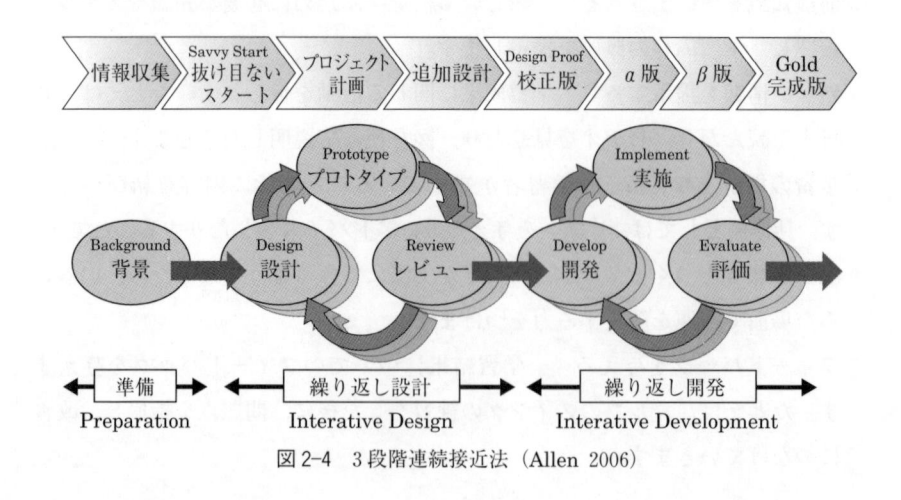

図2-4　3段階連続接近法（Allen 2006）

4参照)。

　この考え方はソフトウェアや製品を開発する手法として使われているものですが，教育システムの開発にもこの手法をあてはめ，費用を押さえ，時間を短縮することを目指しています。まず，学習者のニーズに合わせて教材を開発し，使ってもらいます。その使い勝手の状況をすぐにフィードバックしてもらい，改善を図るという方法です。テストは大がかりなものでなくともよく，数人の学習者に利用してもらい，具体的な問題点を指摘してもらい，改善していきます。インターネットを活用したeラーニングは，パッケージ型の教材に比べ修正をしやすいので，この手法でまず試作品（プロトタイプ）を作り，実際に学習者に使ってもらいながらデータを収集し，適宜改善をしていくことができます。

(5) ケラーのARCSモデル

　ケラー（Keller 1983；鈴木 1995）は，動機づけに関する学習理論をまとめ，ARCSモデルというIDモデルを作りました。ARCSモデルは，注意（Attention)，関連性（Relevance)，自信（Confidence)，満足感（Satisfaction）の4要素から構成されています。このモデルは，独立したIDモデルではなく，IDのシステム的アプローチのモデルと組み合わせて活用するものです。魅力ある教材を作るために，これらの要素を教材に盛り込み，学習者の意欲を高める工夫をします。

　モデルの最初の要素は，「注意を引きつけること」です。五感に刺激を与えたり，質問を提示したり，いろいろなメディアを活用して注意を引きつけたりします。しかし，それだけでは学習を進めるための動機づけは，長続きしません。重要なことは，今，学習していることが学習者と密接な関わりがあるということを示すことです。学習を進めるにしたがい自分が大切に思うことと学習内容との「関連性」を理解できるようになると，意欲が高まってきます。

　学習が進み，内容が理解できるようになると，学習者は「自信」を持ち始めます。学習者に目標を達成できるという自信をつけさせるためには，目標のレベル設定を適切に行うことです。あまりに高い目標は学習者の自信を失わせるし，低

すぎても意欲が低下してしまいます。

　第4の要素は，「満足感」です。学習が終わった後，必要な知識やスキルが身についたかどうか，学習者が確認できると満足感が増します。また，獲得した知識・スキルを実際に活用することができる場面を設定すると満足感はさらに高くなるでしょう。このようにARCSモデルの4つの要素を適切に組み合わせることで，学習者は高い意欲を維持して学習することができます。

(6) 認知的徒弟モデル

　構成主義のIDは比較的新しいアプローチであり，ID理論はまだ十分に開発されているとはいえませんが，認知柔軟性理論（Spiro et al. 1988），ゴールベースシナリオ（GBS）理論（Schank 1991；Schank et al. 1994）や数学教育における構成主義方略（Jacobson and Kozma 2000）などのID理論があります。また，米国学術研究推進会議（2002）は，構成主義の立場から，学習者，知識，評価，共同体の4つの視点から学習環境をどのようにデザインするのが良いか提案をしています。

　行動主義や認知主義の前提には客観主義の考え方があります。客観主義は，知識は外界に存在し，移転することができるという前提で知識伝達の方法論について提案しています。一方，構成主義では知識は学習者自身によって社会的経験を通して構成されるという前提に立っていますので，根本的なところで対立するといえます。つまり，構成主義では，学習者自身が社会との相互作用を通して知識を構成することを支援するための学習環境をどのようにデザインするかを検討します。実際のID実践では，客観主義の考えを否定するというよりも，多様な視点を認め，相互に補完しあうような方法を検討するほうが現実的でしょう（Hannafin 2006；Jonassen 1999）。

　ここでは構成主義のIDモデルとして認知的徒弟モデルを紹介しましょう（Collins 2006）。徒弟制度は，近代的な学校教育が始まる以前から，師匠から弟子へ技術を継承していく仕組みとして長い間存在していました。近代学校では，ひとりの教師から多数の生徒へ知識を効率的に伝えることに重点が置かれ，その

ためのデザインがされています。一方，大工や刀鍛冶など職人の世界では，徒弟的な関係の元で技術が伝承されてきました。しかし，この仕組みはあまり効率的とはいえません。ひとりの師匠に対して弟子の数もあまり多くありません。技術を習得するにも時間がかかります。そういう意味で，現代社会において次第に廃れてきました。しかし，現代においても徒弟制の良い面は引き継がれています。たとえばコーチとかチューターと呼ばれる人は，少人数の学習者にアドバイスをしたり，実演を見せたりして教育をしています（Collins 2006）。

　レイブら（1993）はフィールドリサーチを行い，アフリカの仕立屋について徒弟制での学びを明らかにしました。伝統的な徒弟制は，新しい形で見直される必要があるでしょう。とくに教育のなかに意識的に徒弟的な学習を取り入れることで，効果の高い教育ができる可能性があります。コリンズは，これを**認知的徒弟モデル**（cognitive apprenticeship）と呼んでいます。エキスパートと同じように複雑な仕事を実行するためには，ほんものの状況のなかで学ぶ必要があります。つまり，知識はその知識が実際に使われている状況のなかで初めて意味を持つからです。

　認知的徒弟モデルは，①学習内容，②教授方法，③活動の流れ，④社会的側面の４つの領域に焦点を当て，それぞれガイドラインを提案しています（表2-3参照）。

① 学習内容（content）

　学習内容は大きく２つに分けることができます。最近の研究によると，知識はどこにでもあてはまる汎用性の高いものではなく，それぞれの専門にあった違う種類の知識（domain knowledge）が必要になると捉えられるようになりました。ですから，エキスパートはそれぞれの専門領域に関する知識を持っていなければなりません。この知識は，教科書に書かれている明示的な知識（明示知：explicit knowledge）のことで，概念，手順，法則などが含まれます。このような明示知に加え，説明をすることが難しい暗黙知（tacit knowledge）と呼ばれる知識があります。この暗黙知は問題解決をするためには不可欠なもので，「方略的知識」

とも呼ばれます。方略的知識は，問題解決をする状況のなかで力を発揮しますが，専門家のカンのようなものと考えたらよいでしょう。方略的知識には次の3つの種類があります。

ア）試行錯誤の方略

この方略は「商売のコツ」のようなもので，いつもうまくいくとは限りません。しかし，うまくいくときはとても役立ちます。それは問題解決の経験を重ねることで自然に身についていきます。しかし，教授方略として，試行錯誤の学習を明示的に行わせる場合もあります。たとえば数学を教えるとき，簡単な問題からはじめ，次第に一般的な問題へと解決策を見つけていく方法です。

イ）メタ認知的方略

この方略は自分の学習をモニターし，診断し，修正をすることです。自分が今置かれている状態を目標との関連で評価し，目標達成の困難度を見極めていきます。たとえば，本を読んでいるときに，しっかり理解できていないと判断して，もう一度その部分を読み返し，理解を確実にすることなどが含まれます。

ウ）学習方略

どのように学ぶかという方略は，新しい知識領域を探索する一般的方略から，問題を解決したり複雑な作業をこなす領域限定の方略まであります。たとえば，学習者が問題解決をしようとするとき，教科書に書かれている問題解決の各ステップに照らし合わせながら解いていくことが必要になります。また文章力をアップしようとするならば，ほかの人の文章を分析し，良い点と悪い点を洗い出すことが必要になります。

② 教授方法

徒弟学習ではまず，エキスパートのやり方を観察し，真似をし，工夫する場面を学習者に与えます。モデリング，コーチング，足場かけ（scaffolding）は，伝統的な徒弟学習のなかで使われている方法です。これらは，学習者がまず観察をし，実際にやってみることを支援する方法です。

モデリングとは，教師が実際に問題を解いて見せたり，思考過程を声に出した

りして学習者に示すことです。コーチングは、学習者が実際に問題を解決しようとしているときに、アドバイスをして、問題を解決できるように支援することです。足場かけは、教師が手を貸して、学習者が課題を達成するための助けをします。たとえば、跳び箱を跳ぶときに、教師が少し手を貸すことで、子どもは跳び箱を跳べるようになります。あるいは、初めて自転車に乗るときに、補助輪をつけることで倒れずに運転ができます。跳び箱が跳べるようになったり、自力で自転車に乗れるようになれば、手を貸したり、補助輪をつけたりすることをやめます。支援を次第に減らしていくことで、足場かけがなくても学習者は自力で問題を解決するようになります。

　これらの方法に加え、学習者が自分の考えを言語で表現できるように支援したり（言語化）、自らの学習活動を他者と比較するなかで振り返ったり（振り返り）、問題を解決しようとする学習者に問いを投げかけて、問題解決に向けて調べたり、試したりすること（探索）を奨励する方法もとります。

③　学習活動の順序

　学習の順序を決める原則は次の3つです。

　ア）複雑性を増す

　だんだんと高度なスキルや知識が要求されるように、内容を単純なものから次第に複雑さを増していきます。たとえば、読みの学習をする際に、具体的な事象について説明した短い短文からはじめ、より抽象的で解釈が求められる長文へと内容を複雑化していきます。簡単な問題を解決することからはじめ、次第にこれまで直面しなかった新しい問題を解決する段階へ進んでいきます。

　イ）多様性を増す

　学んだスキルを様々な場面で適応できるように、多様な状況を用意します。ひとつのスキルを学習した後、様々な状況でそのスキルを使う場面を用意します。そうするとどういう条件のときに、スキルをどのように使えばよいか学習者が理解します。たとえば、数学を学ぶとき、多様な問題を少しずつ増やしていきます。幾何と代数を組み合わせてなければならない問題などをスキル習得の後に課題に

します。

　ウ）個々のスキルを習得する前に全体像をつかむ

　最初に個々の知識やスキルを学ぶのではなく，これから学ぶものの全体像を最初に作り上げることが大切です。全体像をつかむことで，それぞれの活動が意味のあるものになります。たとえば数学を学ぶ場合，細かい計算はパソコンを使って処理し，まず問題の全体像をつかむことから始めます。高度な思考過程の全体像をつかんでから，個々の計算に入っていきます。

④　社会的側面

　徒弟における学びは，教室のような社会から隔離された場所で学ぶことではありません。見習いは，実際に仕事をする現場で師匠や兄弟子，同僚たちとともに働きます。それぞれの力量に応じた役割を与えられ，実際の仕事を協働してこなしていきます。それは単なる練習ではなく，ほんものの活動の一部になります。ほんものの活動には，次の4つの社会的な側面があります。

　ア）状況的学習

　学習者は，学んだことを実際に使う状況に置かれることで学びの意味を見いだします。たとえば，交流学習において自分たちの町を紹介するとき，それは先生のために発表をするのではなく，他の学校の子どもたちに自分たちの町の良さを伝えたいという思いから発表するわけです。そういう思いは，ほんものの場面のなかで学ぶときに強く表れてきます。

　イ）実践コミュニティ

　実践コミュニティとは，共通の目的を達成するために，活発にコミュニケーションをとり活動をするグループを指します。メンバーはこのコミュニティに所属していることに誇りを持ち，互いに協力し合い，実力を高めようと努力します。

　ウ）内的動機づけ

　実践コミュニティに所属し，状況的な学習をするためには，内的な動機づけが高いことが前提となります。成績を上げるためとか先生からほめられたいという外的な動機づけではなく，コミュニティに所属したいとか，目標を協働で達成し

たいという内的な動機が重要になります。たとえば，テレビ会議を使った海外の学校との交流は，相手に自分の学校を紹介したいという思い，それ自体が強い動機となります。

エ）協働

互いに協力し合いながら問題を解決していくことは，動機づけにもつながるため，学習を進めていくうえで有効な方法です。グループで行うプロジェクト学習は，学習者同士で互いに助け合いながら課題を達成していく有効な方法といえる

表2-3 認知的徒弟モデルに基づいて学習環境をデザインするための原理

学習内容	専門性を高めるために必要な知識の種類	
	専門領域の知識	専門的概念，手順，法則などの明示知
	方略的知識	問題解決をするための暗黙知
	ア）試行錯誤の方略	仕事を行うにあたっての一般的な手法
	イ）メタ認知的方略	問題解決の過程をたどる一般的な手法
	ウ）学習方略	学習をするための方法に関する知識
教授方法	専門性を高めるための方法	
	モデリング	教師がやってみせる（実演）
	コーチング	生徒の様子を観察し，生徒が実行できるようにアドバイスをする。
	足場かけ	生徒が実践できるように具体的な支援をする。
	言語化	生徒が自分の考えを言語化できるように力づける。
	振り返り	生徒が自分の実践を他と比べられるようにする。
	探索	生徒が自分自身の問題を探索して解決できるように勧める。
学習活動の順序	学習活動を行う順序を決める要素	
	ア）複雑性を増す	意味のある仕事を次第に困難度の高いものにする。
	イ）多様性を増す	幅広く応用できるように，いろいろな状況の下で練習をする。
	ウ）全体像から個々の知識へ	まず学ぶべき内容の全体を概念化してから，各部分の学習を行う。
社会的側面	学習環境の社会的特性	
	ア）状況的学習	学習者は実際に仕事が行われている文脈のなかで学ぶ。
	イ）実践コミュニティ	学習者は意味のある仕事を達成するために，多様なコミュニケーションを仲間同士ではかる。
	ウ）内的動機づけ	学習者はスキルを高め，問題を解決するための目標を設定する。
	エ）協働	学習者は協力し合って目標を達成する。

注：Collins 2006 を修正した。

でしょう。

2.6　まとめ──基本的な前提と折衷主義

　ID理論・モデルと一口に言っても，実にいろいろなアプローチや方法論があることが理解できたと思います。様々なアプローチのなかでいったいどの方法を活用するのがよいのでしょうか。それは，「状況にあわせて選ぶ」ということにつきるでしょう。

　実際の学習場面においては，様々なIDモデルを組み合わせて活用することが大切です。学習者の特性，学ぶべき内容，置かれている環境，活用できるリソースによって，学び方は変わってきます。また，それを教える側が決めるのではなく，学習者自身が決めてもよいかもしれません。

　「IDモデルを状況に合わせて組み合わせる」といわれても戸惑うかもしれません。それは，ある程度経験を積むなかで自分なりのやり方を理解できるようになるものですが，初学者にとってはそう簡単ではありません。あなたがブレンド型のeラーニングをデザインするとき，第一に何をどうしたらよいのでしょうか。まず，以下の5つの問いにどう対処したらよいか考えてみましょう。

　①自律的な学習をどう促すか。
　②意味のある学びの文脈をどう作るか。
　③学習者同士で協調関係を持ちながら学ぶ環境をどう作るか。
　④振り返りの場面をどう設定するか。
　⑤学習プロセスを学習者にどう提示するか。

　もちろんこれらの問いに答えるとともに，デザインするときの時間や費用，人的リソースなどの現実的な問題も考慮する必要があります。次の章では，eラーニングを取り入れた授業をデザインするためのOPTIMAL（最適）IDモデルを紹介します。

第3章

OPTIMAL モデル
ブレンド型 e ラーニングへの実践的で簡単なアプローチとして

> Good is not good where better is expected.
> —— Thomas Fuller

　この章で紹介する OPTIMAL（最適）モデルは，ブレンド型学習，とくに LMS を利用した ID をする場合に必要なタスクやステップを体系的に含んだものです。そして，あまり経験が豊富でない（もしかして初めてチャレンジする）みなさんが，最適なつまりオプティマル（optimal）な意思決定ができるように援助します。ほかの ID モデルと違って，OPTIMAL モデルが対象とするのは新米のインストラクショナルデザイナー，つまり ID について深く学んだ経験がない大学生や大学院生，現役あるいは実習中の先生たち，大学などの講師で，教える教科や科目も多種多様であると想定しています。

3.1　OPTIMAL モデルの4つの特徴

　これまでの議論で，インストラクショナルデザイン（ID）モデルにはいくつかの種類があることがわかったと思います。すでに気づいていると思いますが，

これらのIDモデルは一般的なモデルであって，教師やインストラクショナルデザイナーがいろいろな場面でデザインを行ったり実践を行ったりするときに役立てるためのものです。そしてモデルを使って設計・開発する対象は教室場面ばかりでなく，eラーニングの環境も含まれています。それがeラーニングだけのものであれ，ブレンド型であれ，教師がモデルを自分の授業に応用して悪いことはありません。しかし，IDについてある程度習熟していないと，これらのモデルを使ってeラーニングあるいはブレンド型学習の環境設計に応用しようとするのは非常に難しいか，時間がかかってしまいます。

　たとえばあなたが，中学校の社会科の先生だとしましょう。そしてあなたは，オンラインでの話し合いを授業に取り入れ，生徒たちが積極的に意見交換を行ったり新しい知識を積み上げたりすることを授業後にも行えるようにしたいと考えているとします（ちなみに，このやり方は，大学でも企業でもよく用いられている授業方法です）。どのような話題が最も適切か。話し合いの後で，生徒に何を学んでほしいか。オンラインの話し合いの期間はどのぐらいがよいか。話し合いのグループは何人ずつにするか。話し合いの前に，途中に，終わったあとに，あなたは何をするべきか。あなたは，多くの意思決定をブレンド型授業の実施の前に行わなければなりません。

　もうひとつの違う事例として，大学の講師がある日の講義で使う教材を，学生のために大学が準備しているLMS（Learning Management System：学習管理システム）に載せてみたいと考えたとしましょう。講師は次のような質問に答えなくてはなりません。教材の形式は何にするべきか（プレゼンテーション用ソフトか，ワープロの文書か，HTMLの講義ノートか）。どんな内容を教材に含めるべきか。内容をどのように構成する必要があるか。いつ，LMSに教材を載せるのが効果的か。学生が教材を読んだかどうかをチェックする必要があるだろうか。講師はさらに多くの事柄について，大学のLMSを利用する前に意思決定をしなければなりません。

　このブレンド型学習のためのOPTIMALモデルは4つの特徴を持っています。実践的，タスク型，速い，簡単という4つです。

(1) OPTIMAL モデルは実践的

　まずはじめに，OPTIMAL モデルが実践的というのは，小中高等学校でも大学でも，また専門学校でも最も多く用いられているのがブレンド型学習で，そのブレンド型学習のデザインと実施に役立つという意味です。つまりこのモデルは，e ラーニングの要素を対面の授業や研修に統合する場合に容易に適用できます。

　グラハム（Graham 2006）をはじめ，いくつかの調査報告が示すように，ブレンド型（ときにはハイブリッド型とも呼ぶ）の学習は近年大学でも企業でも飛躍的に増加しています。そのなかでブレンド型学習の定義も多様になっています。ブレンド型学習は教授と学習のいろいろな形態を結びつけるものですが，ある場合はスクーリングと呼ばれる対面授業と遠隔学習を融合するものかもしれません。また，同じ対面授業のなかで種々の教授法を結びつけるものかもしれません。あるいは，対面授業に e ラーニングの要素を組み込み，統合するものかもしれません。

　この最後の定義では，インターネットやネットワーク受信可能な携帯電話さえも利用でき，それらが補助的あるいは主要な教具ともなりえます。日本のブレンド型学習の大多数が，実はインターネットを補助的な教具として教室の授業に取り入れています（Jung and Suzuki 2006）。OPTIMAL モデルはみなさんがインターネットの要素を対面の教授に組み込もうとする場合の，実践的なガイドラインを示すものです。

(2) OPTIMAL モデルはタスク型

　第2に，OPTIMAL モデルは，タスク型のモデルです。その点が ADDIE モデル（第2章参照）のような段階をひとつずつ踏んで完成させていくような手順型モデル（procedural model）とは異なります。タスク型のモデルでは，やるべきタスクについて，何をするか，そしていつタスクを終了するかの2つが示されますが，順序は特定されていません。

　OPTIMAL モデルの中には，3つの大きなタスクがあります。(1)マクロデザイン，(2)マイクロデザイン，そして(3)LMS への統合です。この3つのタスクの中には小さなタスクが含まれます。それぞれのタスクとして，何を行うか，そ

していつタスクを終了するかについて，記述されています．手順型のIDモデルでは，はじめから終わりまでの過程を通してモデルの使用者をガイドしていくことを意図していますが，タスク型モデルはIDの手順には重きを置かず，使用者が自由にどのタスクからでも実行できるように支援していきます．

OPTIMALモデルの中では，それぞれのタスクは直線的ではなく自由な順序で実行することができます．しかし，LMSへの統合はマクロ・マイクロ両デザインの後に，また，マイクロデザインはマクロデザインの後に行うのが望ましいでしょう．そして，プロトタイプ作成（プロトタイピング）とその試行はさらにマイクロデザインと同時にも行われます．

(3) OPTIMALモデルは速い

第3に，このモデルは速いモデルです．OPTIMALモデルはデザインや開発において，従来用いられてきたシステム的な手続きにそれほど厳しく従うことがありません．むしろ，タスク型のデザインを行うことを提案しており，すぐにプロトタイピングとテストに結びつくものです．伝統的なID，とくにADDIEモデルに基づくものは，あまりにも時間がかかり，今日の教育や研修で用いるには，使いにくいと批判されてきました（Gordon and Zemke 2000）．その反省から，ラピッド・プロトタイピングの手法を活かしたIDモデルが提案されてきたことは第2章で見たとおりですが，それでもID専門家向けの内容になっており，実践家向けとはいいにくいものが多いのです．

OPTIMALモデルは，教育の実践現場に近い人たちを念頭に置いて，省略できることはなるべく省くという姿勢でスリム化したものです．たとえば，学習者分析やニーズ分析に時間をかけることを求めていません．それは，多くの場合，学校や大学の先生たちは学習者の特性やニーズについてよく知っていると考えるからです．また，このモデルではすぐにマクロレベルのプロトタイピングのステップに進むことができ，そのプロトタイプを実際の学習者や専門家に試させることができます．それは，身近に学習者がいて，いつでも「ちょっとやってみて」と言える実践者の利点を生かそうと考えたためです．

(4) OPTIMAL モデルは簡単

　最後に，OPTIMAL モデルはブレンド型学習のデザインに**簡単**に使えます。これは経験のある ID 専門家のためのものではなく，学生や新米の教師，これから教師になろうとする人，大学の講師が初めてブレンド型学習をデザインするときを想定した，簡単で利用しやすいガイドラインです。モデルの用語もなるべく簡単にするように注意しました。ここで扱うタスクも，LMS を利用している教育や研修の現場では，普通に行われていることに限定し，簡単に実行できるものに厳選しました。

3.2　OPTIMAL モデルの概要

　このモデルは，3 つの主要なタスクから成り立っています。(1)マクロデザイン，(2)マイクロデザイン，(3)LMS（学習管理システム）への統合です。「はじめに」で述べたように，OPTIMAL は，このモデルの 7 つのタスクの頭文字です。つまり，Objectives（目標を定める），Prototyping（プロトタイピング），Testing（試行），Interaction Design（双方向性のデザイン），Material Design（教

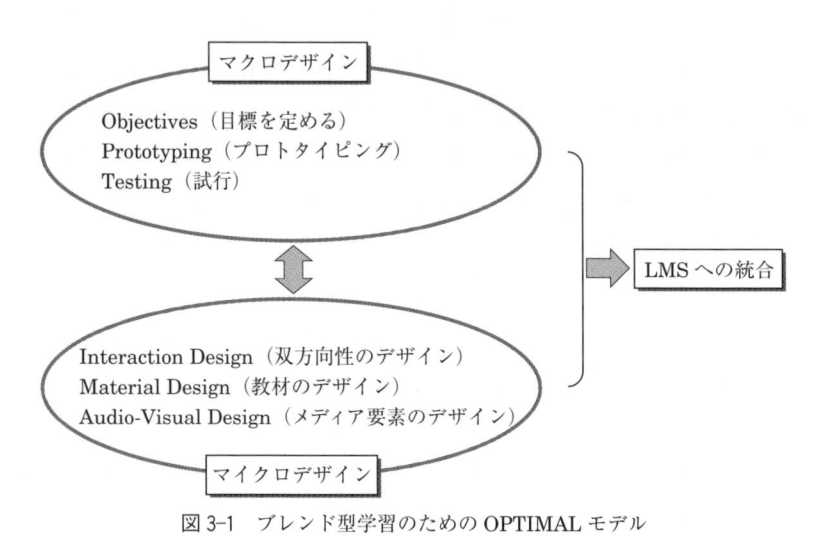

```
          ┌─ マクロデザイン ─┐
         ╱                      ╲
        │   Objectives（目標を定める）  │
        │   Prototyping（プロトタイピング）│
        │   Testing（試行）              │
         ╲                      ╱
          └────────────────┘
                  ↕
          ┌──────────────────┐        ┌──────────────┐
         ╱                      ╲  →   │ LMS への統合 │
        │ Interaction Design（双方向性のデザイン）│    └──────────────┘
        │ Material Design（教材のデザイン）│
        │ Audio-Visual Design（メディア要素のデザイン）│
         ╲                      ╱
          └─ マイクロデザイン ─┘
```

図 3-1　ブレンド型学習のための OPTIMAL モデル

材のデザイン），Audio-Visual Design（メディア要素のデザイン），LMS Integration（LMSへの統合）です（図 3-1 参照）。次にそれぞれのタスクの概要を見ていくことにしましょう。

3.3 マクロデザイン

　OPTIMAL モデルはブレンド型の e ラーニング環境のデザインを支援するものです。仮に，あなたが大学の 1 学期 15 週間，週 1 コマ（90 分）の科目をブレンド型で教えるとします。はじめにあなたがすべきことは，いくつかのマクロレベルの意思決定をすることです。たとえば，自分のコースのどの場面に e ラーニングの要素を組み込むかを決めなければなりません。また教室での活動を基本とする科目のなかに e ラーニングを取り入れる教育学的な合理性について考える必要もあります。なぜ，この科目に e ラーニングを取り入れるのでしょうか。これらの質問は e ラーニングの目標に関することです。

　さて授業における e ラーニングの目標が明確になったら，次に授業計画のプロトタイプを作ります。プロトタイプとは，最初から完成品を目指すのではなく，ラフスケッチをつくることを意味します。そのなかには，e ラーニングを導入する目的を達成するためには何をすべきかを考えた一般的な方略を組み込みます。さらに，毎回の授業の中のどの部分にどのようなタイプの e ラーニング要素を利用するのかを決めます。e ラーニングと一口で言っても，オンラインディスカッション，WebTV（講義録画の配信など），オンラインクイズ，チャット，オンライン教材など様々な可能性がありますので，賢く選ぶことが大切です。

　プロトタイプができたら，いろいろな人に意見を聞く「試行」をします。学習者にこのプロトタイプを試してもらい，学ぶ立場からの意見を聞くことが大切です。もし可能であれば，ほかの教師や専門家にも試行を依頼します。第 4 章では，このマクロデザインの 3 つのタスクについて，何をするか，いつそのタスクを終了するかという側面からさらに詳しく述べますが，ここではマクロデザインの概要について説明します。

(1) タスク1：学習目標

あなたが教室で授業をするにあたり，あなたの学習者がどのような学習者かについてはすでに想定できるものと仮定しましょう。もし，あなたが中学校の先生であれば，あなたは大学の先生よりも担当する生徒の特徴についてよく知っているでしょう。しかし，それでもなお，あなたの学習者がこれまでに学んできた知識や技術（コンピュータ技術やeラーニングの経験を含む），あるいは，eラーニングを取り入れることについての態度について，振り返っておく必要があります。もし，生徒の大多数がeラーニングの経験を持たなかったとしたら，少しずつeラーニングの要素を授業に組み込んでいくのが良いでしょう。

学習者の分析に加えて，あなたはなぜeラーニングの機会を生徒に提供するのか，その必要性（ニーズ）を分析することが必要です。あなたは，より多くのやりとり（双方向性）を行う必要性を感じているのでしょうか？ あるいは，授業時間以外にも使える非同期のコミュニケーションツールが必要なのでしょうか。「eラーニングを導入したい」という理由ではなく「eラーニングを導入することで果たしたいこと＝必要性（ニーズ）」を明確にしなければなりません。

学習者とニーズについての考えが明確になったら，次はeラーニング導入の目標を定めます。目標はできるだけはっきりと書きましょう。目標は，あなたのコース全体のシラバスから導かれるものであるか，教科書のなかに特定されているものであるか，あるいはあなた自身が作るものです。どの場合でも，学習者の特性とeラーニング導入のニーズを反映させたものでなければなりません。

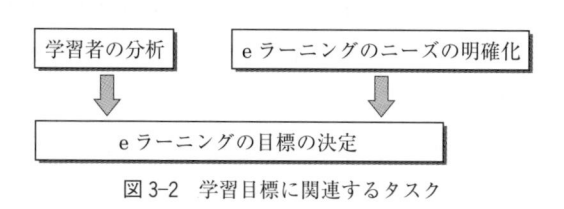

図3-2 学習目標に関連するタスク

(2) タスク2：プロトタイピング

さてこれで授業計画のプロトタイプを作成する準備が整ったことになります。

プロタイピングはIDプロセスの中で不可欠なタスクです。一般的にプロトタイピングとは，eラーニングの要素を取り入れるときにモデル的な（または典型的な）部分を1つ，仮に考えてみるプロセスです。プロトタイプには，授業進行案や視聴覚教材，コンピュータソフトウェアなどが含まれるでしょう。このプロトタイピングによって，デザインの様々な側面をイメージし，これでよいかどうかを検討したり，アイデアや特性を明確にしたり，学習者のフィードバックを手早く取り入れたりすることを目指します。

図3-3はプロトタイピングの主な要素を示したものです。はじめに学習者の目標達成を支援するためにはどのような全体的な方略を用いたらよいか決める必要があります。それから，eラーニングの要素とLMSの機能のどれを使うか決めます。これらについては，第4章で詳しく扱うことにします。

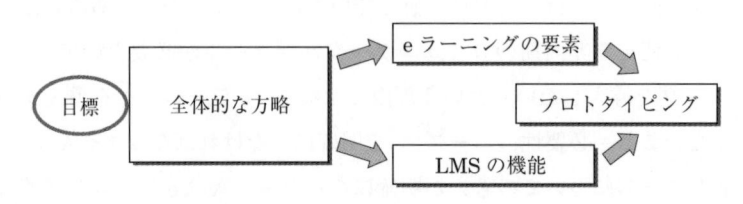

図3-3　プロトタイピングに関連するタスク

(3) タスク3：試行

プロトタイプができたら，何人かの学習者と，さらに何人かの専門家に試してもらいます。先に述べたように，eラーニングの目標やIDと動機づけの全体的な方略，さらにeラーニングの要素とLMSの機能がこのプロトタイプに含まれます。これは，あなたの科目におけるeラーニングの要素の典型例になります。マイクロデザインに進む前に，この典型例をあなたの学習者とあなた以外の専門家によってテストすることが必要です。この試行を経ることによって，科目のなかで実際に行われたときには学習者に積極的な参加を促し，さらに学習者の満足感を引き出す効果もあります。自分の意見を反映して直したものを使ってくれている，という感覚を持てることは誰でも嬉しいものです。

3.4 マイクロデザイン

マクロデザインができたら，マイクロデザインを決めていきます（あるいは，マクロデザインを決めながらマイクロデザインのタスクを行うことになるかもしれません）。あなたには，eラーニングのための目標と全体的なID・動機づけの方略があります。そこで，eラーニングの個々のデザインが次に必要になります。双方向性のデザイン，教材のデザイン，そしてメディア要素のデザインです。第5章では，このマイクロデザインについて，何をなすべきか，いつこのタスクを終了するべきかに言及しながら，詳細を説明します。ここでは，マイクロデザインの概要を見ていきましょう。

(1) タスク4：双方向性（インタラクション）のデザイン

Webではいろいろな形式で同期・非同期の双方向性（インタラクション）機能が利用できます。ネットワーク上の双方向性機能を選択し，eラーニングのなかにどのようにデザインするかは重要な点です。大切な2つの観点としてナビゲーションとWeb上の学習活動（virtual activities）があげられますが，とくにWeb上の学習活動をどのように用意するかが効果的な学習を実現する鍵となります。なぜならば，学習者は教授過程と他の学習者との双方向のやりとりに積極的に参加することを通して多くのことを学ぶからです。Web上の学習活動の例としては，綿密に計画されたグループ討議やグループプロジェクト，他者とのインフォーマルなやりとり，専門家に質問するセッション，仮想実験室での活動，仮想的なフィールド調査，シミュレーション，質問とフィードバックを行うセッションなどがあります。

この段階では，クイズやレポートやテストなど，評価のための資料も準備します。eラーニングの双方向性を設計するためには，これらのWeb上の学習活動が統合されていることが必要です。図3-4に双方向性のデザインに関連するタスクを示します。

```
┌─────────┐     ┌──────────────────────────────┐
│ 双方向性の │─────│ ナビゲーション（リソースへのリンク）│
│  デザイン  │     └──────────────────────────────┘
│         │     ┌──────────────────────────────┐
└─────────┘─────│ Web上の学習活動とテスト項目   │
               │ （同期的・非同期的）           │
               └──────────────────────────────┘
```

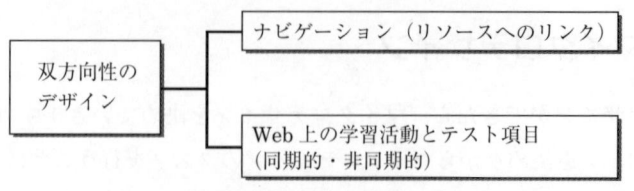

図3-4 双方向性のデザインに関連するタスク

(2) タスク5：教材のデザイン

　教材のデザインとは，オンライン教材としてLMSに載せる学習内容を選択・構造化・作成・編集することです。eラーニングの学習内容を選択するときは，まず学習者と目標について再確認しなければなりません。学習内容を構造化するには，学習内容の前後関係と構成についてよく考察します。eラーニングの教材を作成するには，時間，技術，予算，ツールなどの現実的な事柄についても考える必要があります。

　Web上の情報は，常に更新することができ，かつ関連する内容をそれぞれ別の方法でも学ぶことができるため，教材の更新は教材のデザインにとって重要となります。図3-5にeラーニングコースのために必要な教材のデザインと関連タスクを示します。

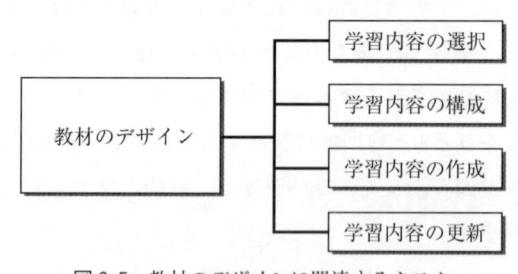

```
               ┌──────────────┐
          ┌────│ 学習内容の選択 │
          │    └──────────────┘
          │    ┌──────────────┐
┌─────────┐│    │ 学習内容の構成 │
│教材のデザイン├┤    └──────────────┘
└─────────┘│    ┌──────────────┐
          ├────│ 学習内容の作成 │
          │    └──────────────┘
          │    ┌──────────────┐
          └────│ 学習内容の更新 │
               └──────────────┘
```

図3-5 教材のデザインに関連するタスク

(3) タスク6：メディア要素のデザイン

　もし，あなたのeラーニングがマルチメディア要素を含んでいたら，あなたは，メディア要素のデザインと開発を行わなければなりません。この段階で，あなた

はどんなメディア要素を使うのか決定する必要があります。たとえば，講義をビデオで提供するのか，それとも音声のみを提供するのか。重要なポイントについてのビデオクリップを何ケ所か用意するのか。映像または音声で実際の場面例などを示すのか，あるいはアニメーションを使いたいのか。

用いるメディア要素を決定したら，次にコンテンツを決め，映像や音声ファイルの形式を考えなければなりません。たとえば，JPEG形式か，GIF形式か，Quick Time形式にするのかといったことを決めます。またSCORMのような標準化された形式についても考える必要があります。図3-6にメディア要素の設計とそれに関連するタスクを示します。

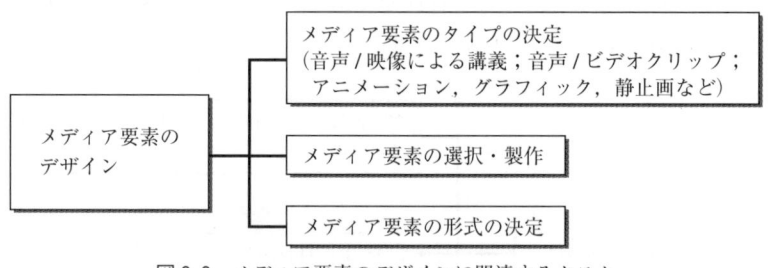

```
                        ┌─ メディア要素のタイプの決定
                        │  (音声/映像による講義；音声/ビデオクリップ；
                        │   アニメーション，グラフィック，静止画など)
  メディア要素の ───────┼─ メディア要素の選択・製作
  デザイン              │
                        └─ メディア要素の形式の決定
```

図3-6　メディア要素のデザインに関連するタスク

3.5　LMSへの統合

eラーニングのために必要な教材と活動がデザインでき，内容もできあがったら，最後のタスクは，学校や大学，あるいは企業で用意されているLMS(Learning Management System：学習管理システム)にこれらの教材と活動を統合することです。はじめにLMSの教育的利用について理解し，eラーニングの目標達成のための方略を考えます。LMSが提供する機能に自分自身が慣れておくことも学習者のeラーニングを支援するために重要です。第6章では，LMSへの統合についてさらに詳しく述べます。

タスク7：LMSへの統合

あなたがeラーニングを取り入れるとき，eラーニングの要素（目標，コンテンツとメディア要素，学習活動，テスト項目など）はLMSに統合される必要があります。あなたの科目で用いる文字教材，音声教材，映像教材はわかりやすいラベルをつけてLMSのしかるべき場所に常に載せてあることが必要です。Web上の学習活動はガイドラインまたは指示をつけて準備し，たとえばディスカッションルームなどを作っておきます。オンラインクイズやそのほかのタイプのテスト項目はLMSの中に準備し，それぞれのテストに対して成績をつけます。eラーニングの実施を成功させるために，学習者のどの情報をどのタイミングで誰がモニターするのかなど，ユーザ管理の方法も決めておきます。図3-7にLMS統合とそれに関連するタスクを示します。

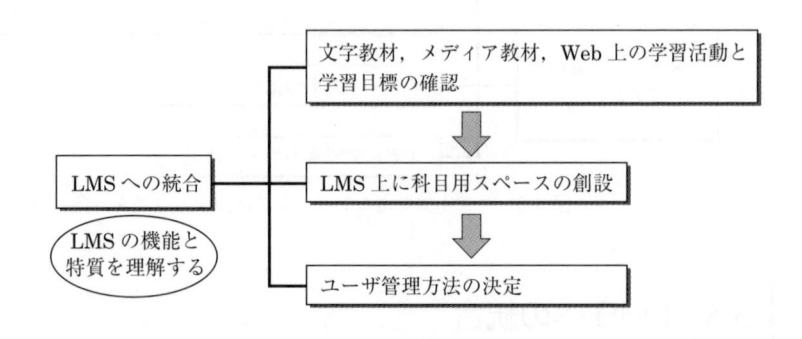

図3-7 LMSへの統合に関連するタスク

3.6 OPTIMALモデルを用いたeラーニング事例

この節では，OPTIMALモデルを用いたeラーニングの事例をひとつ紹介します。OPTIMALモデルが実際のeラーニングにどのように適用できるのかのイメージをもってもらうことが目標です。事例として取り上げるのは，IDに力点を置いた大学院講義2単位相当のブレンド型eラーニング講座「eラーニング基礎論」です（鈴木ら 2006）。2003年に試行としての集中講義が行われ，その

後，ブレンド型講習として展開し，現在では，2つの大学院で実際に行われているものです。以下に，OPTIMALモデルの枠組みにしたがって述べていきます。

(1) マクロデザイン：目標を定める

「eラーニング基礎論」は，eラーニングの基礎としてのIDを教えるためのコースとして設計されました。主な対象者として想定したのは，eラーニングの専門家を目指す人で，eラーニングを学習者として体験したことはあるが，本格的につくったことはない人。この本が想定している読者のみなさんと似ていますね。eラーニングづくりのハウツーから教えるのがよいか，それとも，今あるeラーニングをもっと優れたeラーニングにするためには何をすべきかを提案できることを目指すのがよいのか悩みましたが，後者を選択しました。つくり方のノウハウを学んでも，どんなものをつくるべきかを知らなくては，結局良いものはできません。まずはeラーニングを見る目を養うこと，より良いeラーニングにするためのアイデアを出せることを目標に据えました。

「eラーニング基礎論」用のテキストには，講座の対象者と目的について，次のように記載されています。

〈対象者〉
本書は，eラーニングに携わっている人，あるいは興味を持っている大学院生または社会人（大学関係者を含む）で，eラーニング教材を用いた学習体験がある方を対象に書かれています。社会人大学院で用いるテキスト（2単位分）を想定しています。eラーニングかどうかに関わらず，教材制作の体験，もしくはインストラクタ体験があることが望ましいですが，それは必須条件とはしません。本書で事前学習をした後にブレンディング講習を修了された方には，イーラーニングコンソシアムから修了証が発行されます。

〈目　的〉
eラーニングを社会人教育に取り入れるための基礎として，インストラクショナルデザイン（ID）の基本概念と設計・開発・評価技法を身につけ，発注者としてeラーニングシステム提案書の過不足の修正を指示できる（もしくは，複数の提案書のどれがベストかを選択できる）ようになることを目指します。

eラーニングの要素を取り入れようとしたのは，もちろん講座の内容がeラーニングを扱っていたため，そのサンプルを見せる，という目的もありました。しかし，社会人を対象とした講座であったため，すべてを対面集合教育で行うことはスケジュール的に困難であったことや，対象者が全国に散らばっていたため同時に複数の会場を結んで行いたかったことなどがeラーニングを選択した理由としてあげられます。

(2) マクロデザイン：プロトタイピング

「eラーニング基礎論」は，本格的な講座にする前の準備段階として，まず無料の公開講座として開講されました。2003年9月16〜22日に実施された公開講座「eラーニングファンダメンタル2003」がそれで，全国10数ケ所を結んで実施されました。「eラーニング基礎論」のプロトタイプにあたるこの公開講座に向けて，次の準備をしました。

①テキストの準備　　全15章からなるテキストを執筆し講座の内容を決めました。
②修了要件の決定　　目標に到達できたかどうかを確かめる方法として，最終試験問題と最低修了要件を決めました。
③教育方法の考案　　一方的な講義に終始しないように，講座をどのように進めるかを慎重に決めました。
④学習支援サイトの準備　　テキストを事前に配布し，予習課題を事前に提出させ，さらに受講者同士の情報交換にも使えるような専用Webサイトを準備しました。

テキストについては，講座の内容が新しいものだったので，準備に約半年がかかりました。もし良いテキストが見つかれば，この部分の準備はもっと簡単に済ませられたと思います。修了要件の決定は，eラーニングでなくても最近では科目のシラバスとしてあらかじめ公開することが求められるようになりました。修了要件と採点基準をあらかじめ受講者に通知することはIDの基本ですから，それを守ったことになります。

教育方法については，かなり考えて工夫しました。第1に予習をさせること。テキストをあらかじめ読んで疑問点などを持ち寄ってもらいたかったのですが，ただ読んでくること，といっても効果が期待できないので，各章の終わりに「章末課題」を用意し，それへの解答を書き込む掲示板を学習支援サイトに準備しました。講義の時間には，予習として書き込んだ「章末課題」への解答を紹介しながら質疑応答を中心に進めることで，情報の「タレ流し」を避けました。また，解答のうちから参考になるものを選んで，「受講者の反応」として掲載する許可を得てテキストを充実させることができたのは，プロトタイピングから得た成果でした。

　学習支援サイトは，ソフトウェア開発を学んでいる学生に試作してもらいました（図3-8参照）。受講者だけが中身を開けられるようにユーザを登録する機能，テキストのPDFファイルがダウンロードできる機能，章末課題の解答を書き込む掲示板機能，参考情報へのリンク，講義の感想を書き込むための掲示板機能などが主な機能でした。今振り返ると，このとき開発した学習支援サイトは，市販

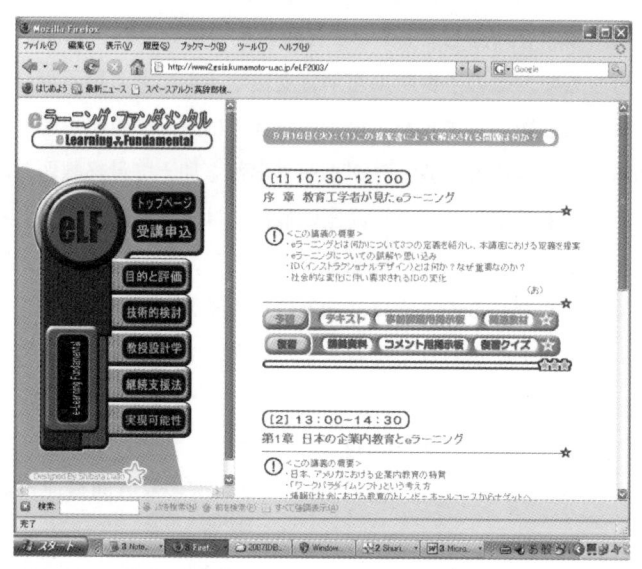

図3-8　公開講座で用いた「学習支援サイト」

や無料の LMS に一般的に備わっている機能を使えばすべて実現できたものでした。現在では，複数の大学でこのコースが実施されていますが，その大学で使っている LMS にあわせてつくった e ラーニングをそれぞれ使っています。

(3) マクロデザイン：試行

　学習支援サイトの設計がある程度できたところで，全体の構造と 15 章あるうちの 1 つを選んでプロトタイプをつくり，その動作チェックをしました。機能が正常に動いていることを確認した後，前項で触れた公開講座で実際に使用し，学習支援サイトが正常に動作することを確認しました。また，内容面については受講者の解答を追加してテキストを充実したほかにも，アンケート調査を実施して改善点を見つけ出しました。公開講座の半年後には追跡のアンケート調査を実施して，「あのとき学んだことをどの程度覚えているか」「仕事で使っているのはどれか」などを調べ，講座内容や教育方法の効果を確認すると同時に見直しを行いました。

　「e ラーニング基礎論」の内容と方法の効果がある程度確かめられたので，業界団体の主催で講座を開講しました。2 日間の集合研修とし，上記のテキストを使っての予習をして，その予習結果を学習支援サイトにある掲示板に書き込んできてもらうようにお願いしました。集まったときは講師の説明を聞くよりは討議中心に進めるという方法も踏襲し，グループ学習を加えて最終課題への取り組み方を練習する時間も設定しました。講座の最後では，集合研修が終わった後で個別にレポートをまとめて提出し，最低基準を満たした場合は認定証が授与される仕組みもつくりました。このように，徐々に形を整えていった講座を受講した方から質の高いレポートが送られてくることが，とても楽しみになっています。

(4) マイクロデザイン：双方向性のデザイン

　「e ラーニング基礎論」の学習支援サイトには，次の双方向機能が設けられました。

　①テキストのダウンロード　　PDF 形式のテキストを各自が印刷する。

②章末問題解答用掲示板　　　掲示板に各自が解答を書き込んで閲覧する。
③関連情報リンク集　　　各章関連 Web サイトや教材へのリンクをたどる。
④復習クイズ　　各章に関連する簡単なクイズに挑戦する。

　テキストのダウンロード機能は，市販の教科書を使う場合は不要ですが，掲示板は様々な機能を果たせます。予習の成果を書き込ませて授業で紹介する，レポートの原案を提出させて，受講者相互にコメントを加えさせる，意見を交換する（この場合は，自分が意見を出してから他の受講者の意見にコメントをつけさせるルールにするのが良いようです），あるいは，単におしゃべりの場所として疑問や意見を出させる，など多くの用途に使っています。関連情報リンクは，刻々と変わる資料の補足にも便利ですし，とくにインターネット上の情報源がどんどん充実してきていますから，それを紹介することで主体的な探索活動にも役立てることができます。テキストの内容をどの程度理解したかを自分で確かめられるクイズも人気があります。この場合，テキストを読めば答えられるようなできるだけ簡単な内容とし，何回でもチャレンジできるようにするのが良いようです。

(5) マイクロデザイン：教材のデザイン

　「e ラーニング基礎論」の中心的な教材は，テキストでした。市販の良い教材がなかったので，すべて書き下ろしましたが，書籍として出版することができなかったため，PDF 形式でダウンロードして印刷してもらう形にしました。全体をあわせると 300 ページを超える分量だったので，画面で読むよりは印刷して通勤時などにも読めるのは好評でした。基本的な情報提供は紙媒体で行い，情報交換はインターネット（掲示板機能）を介して行う，というのがやはり便利のようです。PDF 形式のファイルであれば，毎年でも更新することもできるというメリットもあります。変化の激しい分野では，お勧めの方法でしょう。たとえ画面上で情報提供をしても，印刷して紙にしないと心配だという人も少なくないようです。画面上の情報でも「印刷用（Printer Friendly）」フォーマットもあわせて準備している例も多く，これがやはり好評のようです。

　テキスト自体も，ID の原則を生かして工夫しました。各章のタイトルの次に

は「学習目標」を，たとえば「eラーニングとは何かについて，強調されている観点3つを紹介しながら事例にあてはめて説明できる（序章）」などのように，学習の成果としてできるようになること（を目指してほしいこと）として書き出しました。また，本文を章の概要と章末問題で挟み，最後に章末問題への解答例を「受講者の反応」として配置しました。テキストの最後には「最終試験問題」をあらかじめ掲載し，その解答例は学習支援サイトに数例示し，何がどの程度できるようになることが修了最低要件かを示しました。学習支援サイトにもテキスト同様，いろいろな工夫を盛り込みましたが，着眼点はあまり変わらないようです。目指すこと（目標）とやるべきこと（課題）と合格の最低基準（評価）を明記し，わかりやすく簡潔な教材を設計することが肝要です。学習支援サイトは今でも公開していますので参考にしてください（http://www2.gsis.kumamoto-u.ac.jp/eLF/）。

(6) マイクロデザイン：メディア要素のデザイン

「eラーニング基礎論」では，PDF形式のテキストが中心で，アニメーションや動画，あるいは音声ファイルなどのメディアはあまり多く用いませんでした。しかし，採用したものがいくつかありました。

①実践現場を取材したときのビデオ　　5分程度にまとめて配信しました。
②リンク先の情報源が配信しているビデオや音声　　必要なプラグインなどを明示してリンクを張りました。

メディアを用いるときは，受講者の環境に依存して用いることができるファイル形式が限定されるので注意が必要です。メディアが自動的に再生される場合にも，「再生されない場合はこちらをクリック」と表示した補助用のファイルへのリンクを準備することで，環境の違いに対応しています。さらに，ヘルプデスク的な質問応答体制（具体的には，困ったときに電子メールを出す先）を整えておかないと，メディア環境への対応は安心できないと実感します。

公開講座で質疑応答を始める前に，講師がテキストの内容をかいつまんで解説した様子をビデオ撮影しました。このビデオをデジタル化して，テキストを読む

際のガイドとして提供しています。そのために，プレゼンテーション用のファイルとビデオを連動させた資料を作成しました。講義配信型のeラーニングでよく見かける方式ですが，講義を配信すればそれでeラーニングと安易に考えてしまう落とし穴もそこには存在することには注意が必要です。この講座ではビデオ講義をあくまで補助資料として扱っていますので，このビデオを見ている人は実際にはそう多くはないようです。

(7) LMS への統合

「eラーニング基礎論」では，その試作段階では独自のWebサイトを構築し，ユーザ管理機能や掲示板機能，リンクやテキストの提供などを実現しました。しかし，前述したように，これらの機能は，市販，オープンソースを問わず代表的なLMSには備わっているものです。この講座は現在複数の大学で開講されていますが，大学それぞれが用いている市販や独自開発のLMS上で提供されています。PDFファイルそのものは共用でき，リンク集もコピーが可能ですが，掲示板の発言内容やクイズなどの双方向機能の複製をつくるためには，LMSごとに作り直すか，あるいは独自のプログラムを開発してLMSの外に設置し，そこへのリンクを張る必要があります。同じ大学での過年度の書き込みは，それを次の年度に継承するオプションが備わっている場合には参考として提示することも可能ですが，基本は毎年「空っぽの箱」からのスタートになります。このあたりもeラーニングの標準化が進めば，解決できるようになるのでしょう。

　eラーニングを実現する環境としてLMSが広がり，あとは中身を載せるだけ，という大学や教育機関も増えてきました。自分が属している機関のLMSを用いれば，機能やデザイン上の工夫は限定されるとしても，比較的容易にeラーニングが始められるようになりました。この事例で見たような独自の学習支援サイトを最初から作る必要がなくなったことは朗報です。あとは，OPTIMALモデルにしたがって，効果があり魅力的な学習環境を設計する「教える中身と教える方法」をしっかり考えることで，優れたeラーニングの事例が増えることを期待したいと思います。

第4章

マクロデザイン
目標・プロトタイピング・試行

> That is the difference between good teachers and great teachers:
> good teachers make the best of a pupil's means;
> great teachers foresee a pupil's ends.
> —— Maria Callas

　この章では，ブレンド型のeラーニングをつくっていくために必要な設計の大枠（マクロデザイン）を紹介します。eラーニングの設計は，具体的にどんな素材をどのように組み合わせていくかを考える前に，「何を目指してつくるのか」（学習目標）を考えることが大切です。次に，一度に全部つくることはできないので，サンプルとなる部分（プロトタイプ）をつくって，「これでよいか」を確かめる手続きが有効です。最後に，つくったサンプルを試して，「これで行きましょう」と決めるための試行（テスト）を行います。

　「何を目指してつくるのか」を考えるうえで，まずはじめに，これからの時代に必要とされる学習環境のデザイン原則を紹介しておきます。米国学術研究推進会議（2002）は，最新の学習心理学などの研究成果を踏まえて効果的な学習環境をデザインするためには，次の4つの原則をあてはめるべきだとまとめました（表4-1）。eラーニングを導入することで何を成し遂げたいのか，イメージしてみま

表 4-1 学習環境のデザイン原則（米国学術研究推進会議）

原則1	学習者中心	学習者が教室に持ち込んでくる既有知識・スキル・態度・興味関心などに細心の注意をはらう。個別学習と協同学習のどちらを好むかは個人差があること。自分の知能を固定的に捉えている学習者は学びよりも成績を気にすること。ある程度は挑戦的だがすぐに諦めてしまわないような「ほどよい難易度」の課題を与えること。
原則2	知識中心	何を教えるのか（教育内容）だけでなく、「なぜそれを教えるのか」や「学力とは何か」にも注意をはらう。体系化された知識を得るためには深い理解が必要で、薄っぺらい事実を幅広くカバーすることに終始しないこと。熱心に取り組んでいることと理解しながら取り組んでいることの違いに敏感であること。
原則3	評価中心	教え手と学び手の両方が、学習過程の進歩を可視化してモニターする。評価をしないと気づかないような問題点を洗い出し、学習者相互が互いに良い影響を及ぼす効果をねらう。評価は点数をつけるためでなく、そのあとの探究と指導の方向性を探る道具として使う。
原則4	共同体中心	ともに学びあう仲間意識や規範の成立が必要。学校が地域に開かれている必要もある。「わからない場合は他人に知られないようにする」という社会規範ではなく、「難しい問題にも挑戦し、失敗したらやり直せばよい」とか「自分の考えや疑問を自由に表現しても構わない」という社会規範を共有する。

注：米国学術研究推進会議 2002 の本文（p.22-24）を表形式にまとめた。

しょう。そのeラーニングは、これからの時代にふさわしい学習環境をデザインするために、役立つものでしょうか？

4.1 学習目標

　マクロデザインの最初の要素は、学習目標です。学習目標とは、学習の成果として何ができるようになるかを書いた文です。IDの長い歴史のなかで、学習目標をまず記述しておくことは学習を有意義なものにするために、そしてポイントを絞るために、有効であることが明らかになっています。学習目標は、一般的な目標、特定の目標、そして学習内容と活動の3つの異なるレベルで記述することができます。この3つを順に説明していきます。

(1) 一般的な目標を決める

　一般的な目標とは、あなたのeラーニングが達成する目的のことです。なぜe

ラーニングが必要なのか？　eラーニングを採用することによって，何を達成したいのか？　これらの問いへの答えが，一般的な目標になります。たとえば，同じ科目を履修している学習者の基礎知識がばらばらで，教えるときに苦労している先生が，「基礎知識の補習を受けられるようなeラーニングが欲しい」と考えれば，「eラーニングで基礎知識の不足を補うこと」が目標になります。また，クラス内の討論が盛り上がらずに苦労している先生が，「eラーニングを使えば自分の意見が言いやすくなるのではないか」と考えれば，「eラーニングでクラスでの討論を活発にすること」が目標になります。この2つの例では，同じeラーニングといってもずいぶん違う形のものになりそうですね。もちろん，欲張りな先生がいて，基礎知識を補って，なおかつクラスの討論を活発にするようなeラーニングが欲しい，という目標を立てるケースも考えられます。

　一般的な目標を決めておくことには，いくつかの利点があります。第1の利点は，不要なものを盛り込みすぎて貴重な時間・人手・費用を無駄にしないことです。ブレンド型のeラーニングと一口で言っても，様々なものがあります。自分はどんなことを問題と捉えて，何を解決するためにeラーニングという手段を導入するのか。これを明らかにしておくことで，他の事例に惑わされることなく，まずは一直線にその問題の解決に向かうことができます。最初のゴールがクリアできたらまた別のゴールを立てて，eラーニングを成長させていくことはできます。また，つくっているうちに様々な別のアイデアが湧いてきて，途中で考えが変わるかもしれません。しかし，まずは最初に何を目指すのかはっきりしておくと，途中での迷いを防ぐことができます。

　第2の利点は，どんなeラーニングにするのかについて，関係者相互であらかじめ了解しておくことで，あとで「自分のイメージと違ったものができた」という混乱を未然に防ぐことです。自分ひとりだけでeラーニングを考えて，つくって，実施する場合は，関係者相互の了解は必要ありませんが，eラーニングを実現するためには様々な人たちにお世話になることが多いでしょう。たとえば，開発を手助けしてくれるスタッフやeラーニングを実施するときにお世話になる情報処理センターの技術者。彼ら抜きにはeラーニングの実現は難しいでしょう。

表 4-2　e ラーニングの 11 のベネフィット

1.　e ラーニングはコストを下げる［初期投資が速やかに回収可能］
2.　e ラーニングはビジネスのレスポンスを高める［同時配信→スピード経営に直結］
3.　伝達される内容はニーズに応じて，統一することもカスタマイズすることもできる
4.　内容は常に新しく，信憑性がある
5.　毎日 24 時間いつでも学習できる［国際的になる］
6.　利用のための準備に時間がかからない［ブラウザ操作になれているため］
7.　普遍性がある［世界共通のインターネットプラットフォーム利用］
8.　コミュニティを構築できる［仲間同士で情報や意見の交換が可能］
9.　拡張性が高い［追加作業やコストがほとんどない］
10.　これまでに Web に対して行った投資を活用できる［企業内イントラネット活用］
11.　より魅力のある顧客サービスを提供できる［対外的な e コマース強化に直結］

注：［　］内は，ローゼンバーグ 2002 の表 2-1 の記述をまとめた．

　また，資金を援助してもらい開発経費を賄うためには上司や運営責任者などの決定権を持っている人の協力と理解が必要な場合もあるでしょう．さらに，e ラーニングを導入することによって影響を受ける受講者，同僚（とくに同じ科目を担当している人），あるいは助言指導を担当することになるスタッフにも，あらかじめ e ラーニングで何を達成したいのかについて話し，意見を聞いておくのもよいことです．

　e ラーニングは一般的に，どのようなメリットがあるといわれているのでしょうか？　表 4-2 に，ローゼンバーグが主張する e ラーニングのもたらす効果をまとめました．あなたが考えている e ラーニングは，一般的にいわれている e ラーニングの効果のどれを実現するためのものですか？　それともまったく別の目的を持っていますか？　表 4-2 を見ながら，「そういえば，こんなことも目指したい」と，方向性を確認しておくとよいでしょう．ただし，あまり欲張りすぎないように注意しましょう．

(2) 学習目標を特定化する

　学習目標を特定化するとは，e ラーニングを終わる時点で学習者が達成してほしい成果を明確に書くことを意味します．一般的な方向性に加えて，「どの程度まで実現するのか」を明らかにします．学習目標には，ある教科での知識が増え

ること，よりスキルが高まること，あるいは態度が強まることなどについて，「どの程度までか」を正確に書いておきます。たとえば，ある科目を受講する前に身につけておいてほしい「基礎知識」を学ぶためのeラーニングでは，最低必要な知識は何と何か。高校の数学IIまでに扱うすべての知識なのか，あるいは三角関数とその前提となる知識だけなのかを明らかにしておくのが賢明です。クラスの討論を活発にしたいのでeラーニングを導入する場合では，eラーニングの掲示板でどのぐらい意見が交換されるようになることを目指すのか。あるいは，掲示板だけでなく，eラーニングでの意見交換に刺激されて，対面のクラス討論でも意見が活発に交換されるようになることも目指すのか。具体的にどこまでを目指すのかは，一般的な方向性だけではわかりませんね。

　目標を特定化するためには，次の3つを明確にしておくのがよいとされています（鈴木 2002）。第1は，学習の成果が誰の目に見ても明らかになるように「行動」の形で書いておくこと。第2は，評価するときの条件は何かを書いておくこと。第3は，合格の最低基準も書いておくこと。たとえば，数学の基礎知識の例では，「三角関数についての高校数学IIレベルの問題を，必要な公式を参照しながら，確実に解くことができ，なぜそうなるかを説明できる」となります。この場合，「問題を解く」と「なぜそうなるかを説明する」ができているかどうかは誰の目にも明らかですし，ただ丸暗記で解けるようになっても駄目で，その理屈も説明できることまでが求められていることが特定化されています（第1の要素：行動）。仮に，「三角関数を理解する」と書いた場合には，「理解したかどうかをどうやって調べるか」について，誰もが同じ「理解」をしているとは限りませんので注意が必要です。

　「必要な公式を参照しながら」の部分は評価の条件（第2の要素）にあたります。通常のテストでは「何も見ないで」「誰にも聞かないで」答えることが要求されることが多いですが，ここでは基礎がわかっていればよい，という立場で，公式を覚える必要はない，参照してよい，という条件を明らかにしています。第3の要素（合格基準）は「確実に」であり，全問正解が求められています。計算問題であれば，多少のミスは許される（たとえば80点以上合格）かもしれませ

表4-3 5つの学習成果と出口の明確化（どの種類の学習かで評価方法が異なる）

学習成果	言語情報	知的技能	認知的方略	運動技能	態度
成果の性質	指定されたものを覚える 宣言的知識 再生的学習	規則を未知の事例に適用する力 手続き的知識	自分の学習過程を効果的にする力 学習技能	筋肉を使って体を動かす／コントロールする力	ある物事や状況を選ぼう／避けようとする気持ち
学習成果の分類を示す行為動詞	記述する	区別する 確認する 分類する 例証する 生成する	採用する	実行する	選択する
成果の評価	あらかじめ提示された情報の再認または再生 全項目を対象とするか項目の無作為抽出を行う	未知の例に適用させる：規則自体の再生ではない 課題の全タイプから出題し適用できる範囲を確認する	学習の結果より過程に適用される 学習過程の観察や自己描写レポートなどを用いる	実演させる：やり方の知識と実現する力は違う リストを活用し正確さ，速さ，スムーズさをチェック	行動の観察または行動意図の表明 場を設定する。一般論でなく個人的な選択行動を扱う

注：鈴木 1995, p.62（表III-2の一部）

んが，ここでは確実性が求められるよ，ということを宣言しています。

　目標を特定化しておくことには，いくつもの利点があります。eラーニングの制作に関係する人たちの間で誤解を避けること，目標を学習者にも共有して何を目指すためのeラーニングかを伝えること，eラーニングがその使命を果たしたかどうかを簡単に判断できることなどがその代表的な利点です。IDの産みの親といわれるガニェは，表4-3に示す5種類の学習成果に区分する方法を提案しました。どの学習成果の種類かによって，テストの方法が異なるという理由からです。行動化・評価条件・合格基準で目標を特定化したら，次にはどの種類の学習成果に入るかを確かめておくとよいでしょう。

(3) 学習内容と学習活動を決める

　一般的な目標を定め，学習目標を特定化したら，次にeラーニングに含める学

習内容と学習活動を決めます。普通の授業では，まず学習内容と活動を考えることから始めることが多いので，すでに具体的にどんな内容でどんな活動をさせるかのアイデアを考えているかもしれません。その場合は，ここでは，すでに具体的に考えてある内容や活動が学習目標を達成するために必要なものか，効果的なものか，という観点から再点検するとよいでしょう。どれを先に考えるかはあまり重要ではありません。重要なのは，学習内容・活動と学習目標と評価方法を揃えて，互いに合致させる（これを「整合性を保つ」といいます）ことです。

図4-1に，典型的なeラーニングの構成要素を図示します。教えたいことが一度に全部出てくるのでは学習者の負担になる（一度に全部覚えられない）場合は，図の右側に示すようにいくつかの項目に分解し，それぞれに情報を提示し，練習問題をやることになるでしょう。それぞれの項目は，メニュー画面を設けて選択できるようにします。右側に示す教材の本体のほかにも，始めるときのテスト（診断部）や教材の説明（導入部），さらには終わるときのテストやアンケート（終末部）などを準備し（図の左側），それぞれの機能をメニューから選択できるよ

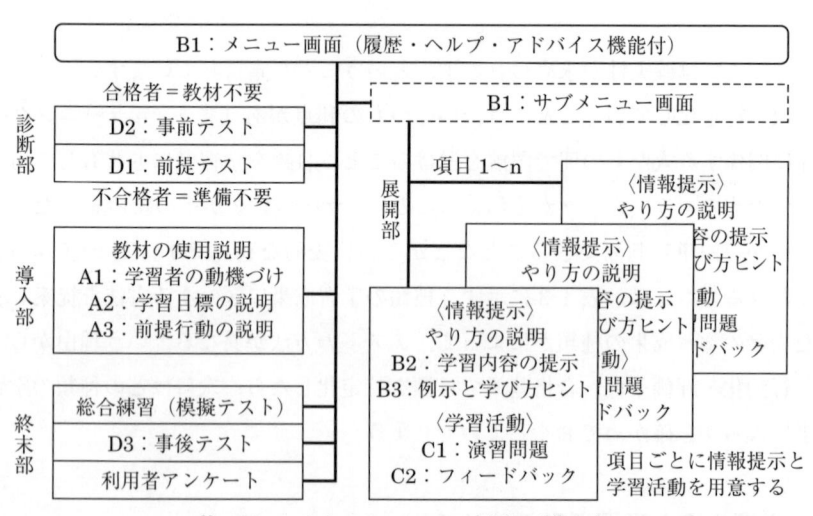

注：ディックら 2004, p.180 を図に変換した。

図4-1　eラーニングの構成要素

うにするとよいでしょう。

　学習内容についての情報を提供するだけで全員が学んでくれれば，こんなに楽なことはありません。しかし，あなたが用意するeラーニング環境で学ぶ人たちが，あなたの提供する情報をまるで「スポンジが液体を吸い込むように」吸収して理解してくれることを期待してはいけません。学びやすくする工夫を凝らして，eラーニングをできるだけ効果的なものにするための学習支援設計を考えましょう。

　eラーニングにおける学習支援設計は，情報提示・相互作用（インタラクション）・外部リソース接続（リンク）の3つの要素で捉えておくとよいでしょう（Ingram and Hathorn 2003）。表4-4は，組織文化を教えるeラーニングを例に，3つの要素がどのようにデザインできるかを示したものです。学習目標ごとに同じような表を作成することで，学習支援設計の第一歩が踏み出せます。表4-5には，eラーニングでの相互作用の種類をまとめた表も紹介しておきます。あなたのeラーニングではどんな学習活動が考えられるか，アイデアを整理してみるとよいでしょう。

表4-4　学習支援設計の事例：組織文化

学習目標	情報提示	相互作用	外部接続
組織文化とは何か，またどのようにそれが重要かを理解する	●教科書の章を指定 ●組織文化についてのオンライン講義 ●参考文献の提示	オンライン講義ではページめくりを要求される 最後にクイズに解答する	会社文化についての記事へのリンク Hot Potatoes にリンクしてクイズ
組織文化の側面を代表する指標を知る	会社訪問や会社Webサイトでの着目点を網羅	会社のWebサイトを訪問して，何に着目したかのレポートを作成する	ユニークな組織文化を持つ会社へのリンク Hot Potatoes にリンクしてクイズ
組織文化とその組織に迎え入れる人材とのマッチングの重要性を評価する	人材と組織の適合性について定義／人材－組織適合性についての諸問題を受講者が出し合う／具体的な問題を受講者に提起	スレッド型の掲示板を使ってグループ課題に取り組む：グループごとに成果を発表する	掲示板機能で非同期的参加も促進 電子メールでインストラクタからの助言を得る

注：Ingram and Hathorn 2003の表5（p.55）を訳出した。

表 4-5　eラーニングでの相互作用の種類

相互作用	どんなものか？	使うべき時
探索活動	学習者に関連項目のリンクをクリックさせることで探索活動ができる。イメージマップと組み合わせて，単語だけでなく，図の部分やフローチャートなどにリンクを張ることもできる。	学習分野への導入，操作する機器や作業工程の提示など。
クイズ	客観形式（多肢選択・マッチング・穴埋めなど）の質問を出し，コンピュータがすぐに採点する。採点結果は，利用者にフィードバックされるが，管理者やインストラクタには渡さない。	学習をガイドするための自己評価として活用。概念やスキルの修得を強化。
オンラインテスト	客観形式と記述形式の多数の質問。記述形式ではインストラクタの採点作業が要求される。結果はインストラクタに戻される。	評定。インストラクタの仕事の指標として活用。認定につなげる。
チュートリアル	情報提示と短い質問を織り交ぜながら，複雑な題材をステップごとに進めていく。	明確に定義された教育内容を教えるとき。
事例研究	現実味のある状況について紹介する長文。学習者がどの情報を閲覧するかを選択する。	問題解決などの高次の知的技能を教えるとき。
宿題	コンピュータ化された，あるいや紙面でのあらゆるタイプの宿題を Web を介して提出させる。フィードバックはインストラクタが行う。	多岐にわたる高次の知的技能を扱うとき。
ディスカッション	Web 上の討議は，非同期のものが多いが，最近同期型も増えている。ある概念について討議させたり，共同作業で問題解決にあたったり，インストラクタとの相互作用にも用いられる。	アイディアを捻出したり，知識やスキルを互いに学びあうとき。

注：Ingram and Hathorn 2003 の表 2（p. 52）を訳出した。

4.2　プロトタイピング

　プロトタイピングとは，eラーニングが完成する前にどんなものになるのかおよそのイメージがつかめる「半完成品」（プロトタイプ）をつくってみることを指します。全部つくり終えてから「これじゃぁダメだね」と言われても困るので，「できあがったらこんな感じのものになりそうですが，それで良いでしょうかね」と見本を見せて，意見を聞いて，何をどう直すかを決めて，直してまた見せて，「こ

れならば良いでしょう」というコンセンサス（合意）を取りつけます。早くから合意を形成することで，あとは安心して開発を進めることができます。

プロトタイプをつくるためには，少なくとも(1)どんなeラーニングにするのかについての全体的な方略と，(2)評価についての方略，そして(3)学習目標と全体方略と評価方略の統合方法についての考えをまとめる必要があります。ひとつずつ，順番に見ていきましょう。

(1) 全体的な方略を決める

全体的な方略とは，どのようなeラーニングの要素を採用し，eラーニング以外の要素とどのように組み合わせていくのかを検討し，決めることを指します。企業内教育では，一般的なeラーニングの使われ方に両端型と中核型があるといわれています（根本 2002）。両端型では，集合研修の前後（両端）にeラーニングを行い，予習や予備知識の共通化（前）と復習や追加トピックの提供（後）などにeラーニングを活用します。一方の中核型では，eラーニングを中核に据え，その前後に集合研修を配置します。モチベーションを高めるオリエンテーション（前）を行ったうえで知識学習やレポートの作成をeラーニングで行い，その成果をもう一度集まって確かめ，疑問点を解消したり理解を深めたりします。

大学教育の場合では，半期の講義が15回ありますが，(1)それぞれの回に対面講義とそれを補うeラーニングを配置して対面講義の予習や復習に活用する例や，(2)15回分の講義の一部（たとえば5回分）をeラーニングだけで実施し，残りの10回分は講義だけで行うという例もあります。また，(3)対面講義や演習の一部としてeラーニングを併用して，教室の中で学生が一斉にeラーニングを利用する形で講義中に活用する例もあります。いずれの場合にも，講義では何を行い，eラーニングでは何を行うか，その役割分担を明確化しておくことが重要です。

他方で，eラーニングと一言で言っても，その中身は多様です。eラーニングのどの機能を使うのか，そしてそれらをどう組み合わせていくのかについても選択の幅は広いので，意識してそれらを使い分ける必要があります。どの作戦をい

つ使い，それをどう組み合わせて全体として効果が上がるようにしていくのか。全体方略次第でできあがる学習環境の効果や効率に大きな差が出るのは組み合わせ効果のためです。取りうる作戦の幅が広がれば広がるほど，賢い選択が求められますし，選択次第で改善・向上の余地はさらに増えていくのです。

　図4-2に，賢い組み合わせを考えるうえでヒントになる枠組みをひとつ紹介します。技術が進めば進むほど，遠距離にいても，あるいは時間を共有していなくても，対面講義に近い学習環境を実現することが可能になってきます（たとえば多元中継のテレビ会議）。対面講義かeラーニングか，という区別ではなく，学習者に任せるかガイドをつけるか（縦軸）という側面と，コンテンツ配信か経験・練習か（横軸）で整理することを重視し，それらは対面講義で実現してもeラーニングで実現してもよい，という考え方です。学習者に任せる部分（図の上半分）では，勉強させること（コンテンツ配信中心）と練習させること（経験・練習中心）のために何をすべきかを考える。教える側が引っ張っていく部分（図の下半分）では，指導すること（コンテンツ配信中心）とコーチング（経験・練習中心）をどう実現するかを考える。教えるべきことはしっかり教える一方で，任せるところはきっちり任せる。情報を与えるだけでなく情報を活用する力もしっかりつ

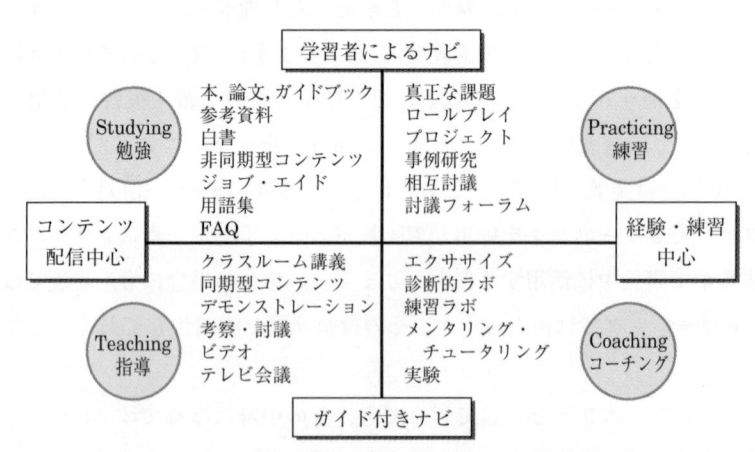

注：Wenger and Ferguson 2006 の図6.3を訳した。

図4-2　学習エコロジーモデル（サン・マイクロシステムズ社）

けさせる。4つの象限のうちのどれをどの程度の割合で入れていくかのバランスを考えながら，それぞれの特徴を持つ学習活動を組み合わせていく。これがこの会社でいうブレンド型 e ラーニングの全体設計の方略になるのです。

(2) 評価の方略を決める

　プロトタイプに含まれるべき第2の要素は，評価についての方略です。e ラーニングを採用するとして，その効果をどのように確かめるのか。評価のための材料をどう集めるのか。評価は目標と表裏一体の関係にあるので，目標がしっかりと決められていれば，そこから自然に「その目標の達成具合をどうやって確かめるのか」という問いへの答えとして，評価の方法が導き出されます。たとえば，e ラーニングを討論の活発化という目標を掲げて導入するのであれば，評価の指標のひとつは「討論が活発化したかどうか」を確かめることになり，そのための方法としては，「掲示板にどのぐらいの発言数があって，討論を活発化することに貢献したのは誰か。活発化させるための指導方法は効果的であったのか」ということを評価することになるでしょう。

　企業内教育では，カークパトリックという研究者が50年近く前に提案した評価の枠組みが今でも定石として使われています。それは，評価を反応・学習・行動・業績の4レベルで行うことを提案したモデルです。表4-6に評価の4レベルとそれを調べるためのデータ収集方法をまとめて示します。評価の方略を決める，というとき，どのレベルの話をしているのかを意識すると，互いに議論していることがずれないのがこのモデルの利点だといわれています。

　大学教育の場合は，評価というと，まず単位認定のための評価が思い浮かびます。どうすれば単位を取得できるのか，ということはシラバスに書かれている場合が多くなってきましたが，具体的に何が評価されるのかを明示することは何を重視しているかを伝えるという意味で重要です。また，e ラーニングには記録が残る，という特長があるので，それを生かして，e ラーニングの何を単位取得の条件として採用するのか，ということを決めていきます。たとえば，掲示板への参加を促したければ，掲示板への書き込みを（内容ではなく回数で）評価点に加

表4-6 カークパトリックの評価の4レベル

	評価項目	データ収集方法
反応 Reaction	受講者はeラーニングに対してどのような反応を示したか？	受講者アンケート （スマイルシート）
学習 Learning	どのような知識やスキルを学んだか？	筆記テスト 実技テスト（チェックリスト）
行動 Behavior	受講者はどのように知識とスキルを仕事に生かしたか？	追跡調査（本人および管理職） ●管理職／従業員用アンケート ●インタビュー調査
結果 Results	eラーニングは組織と組織の目標にどのような効果をもたらしたか？	売上向上・財務指標変化

注：Kirkpatrick 1994 による。

算するのも効果的な評価方略になります。これは，カークパトリックの枠組みでは「学習」のレベルに該当するでしょう。

　大学での評価のもうひとつのイメージとしては，学生による授業評価があります。これは，カークパトリックの「反応」レベルに終始している例が多いですが，少なくとも学生がどのように受け止めたかについての満足度を知るという意味では重要です。満足もしないのに学習が進むわけはありませんし，もし学習が進めば満足度（反応レベル）も高まるでしょう。そのほかにも，進級・卒業後に学習の成果をどのぐらい活用しているか（行動レベル）という観点や，大学全体の方針としてeラーニング導入を図る場合は，費用対効果や大学のイメージアップなどの指標（結果レベル）での評価方略も計画しておくとよいでしょう。

　最後に，誰にとっての評価か，という観点で評価の方略を考えてみましょう。eラーニングのメリットとしては様々なことが言われていますが，立場が変わるとeラーニングの良さも同じではありません。学習者はより楽しく学べて自分の要求に合わせてくれて，しかも短時間に終われるものを期待するでしょう。教員はなるべく手間が省けて効果が上がるもので，しかも個々の学習者の進捗状況が簡単にわかるものを歓迎するでしょう。教員はさらに，成績処理や出席管理などの雑務から解放されることをeラーニングのメリットと思うでしょうし，来年も同じ材料を使って（あるいは少しだけ手を入れて）授業ができることを望むでしょ

う。管理者にとっては，なるべく費用がかからずに，今までの情報環境をより効率的に活用できて，しかも利用者の不満が少なく，可能ならば利益も生み出せるものが欲しいでしょう。eラーニング開発を担当する人にとっては，今までに実績がある方法を再利用できて，メンテナンス（維持管理）が容易で，開発工数が少ない（しかし効果が上がる）手段を採用したいでしょう。

　さて，何をどう評価するか，ということについて，どうアプローチしますか。あなたの場合について，考えてみてください。

（3）学習目標・全体方略・評価方略を一致させる

　プロトタイプができあがったら，もう一度学習目標と全体方略と評価方略の3つが一致しているかどうかを確認します。一致している状態を「**整合性がとれている**」といい，この段階では最も重要な点検項目です。目指していること（学習目標）とやっていること（全体方略）がずれていたのでは効果が上がらないことは目に見えています。また，目指していること（学習目標）と確かめていること（評価方略）がずれていると，評価結果がたとえ良くても「それが良くても仕方がない」ということになってしまいます。

　1960年代に，メーガーという研究者が次の3つの質問の重要性を指摘しました（鈴木 1995）。

---

① Where am I going？　（どこへ行くのか？）
② How do I know when I get there？　（たどり着いたかどうかをどうやって知るのか？）
③ How do I get there？　（どうやってそこへ行くのか？）

　どこへ行くのかは，学習目標が示します。ゴール地点が目標です。到着を知る手段が評価方略です。評価方略は，ゴール地点にたどり着いたかどうかを知る手がかりを教えてくれます。そして，ゴールへたどり着くための手段が全体方略です。この3つの質問が指摘していることは，学習目標・評価方法を決めてからコンテンツ開発をしなさい，という手順であり，まさにプロトタイプに必要な3つの要素を決めてから本格的な開発に移りなさいという教えです。40年以上も前

に指摘されたこの教えを，eラーニングの時代にも大切にしたいものです。

4.3 試行する

　プロトタイピングの最後の手順は，試作品を試行（テスト）することです。完成前に試作品をテストする過程をとくに，形成的評価と呼びます。まだ半完成品をテストして，完成品に「形を作っていく＝形成」という意味です。それに対してテストするのはできあがってから，という考え方は，総括的評価と呼ばれます。完成品をいくつか調査して，どれを使うかを決定するときなどの評価です。

　形成的評価に参加する人は，様々な関係者です。eラーニング開発チーム内でのレビューに始まり，上司や運営責任者（お金や決定権を持っている人），教育内容の専門家，科目の担当教員，あるいは学習者の代表（過去に該当科目を履修したことがある人も含む）などから意見を聴取します。テストの目的は，「この線で進めてよいか」という判断材料を得ることであり，必要に応じて修正してまたテストして，「これで良いものができそうだ」という合意（許可・賛同・支持）を得ることにあります。この段階で味方を増やしておくと，あとが楽になりますし，ここで敵を作ると，あとで厄介になるでしょう。

　テストする対象は，eラーニングの教材そのものだけではありません。その背後にある考え方，評価の計画，今後の作業予定，プロトタイプには含まれていないけれど今後登場するものの予告など，様々な観点からチェックするのが効果的です。誰に何を見てもらうのか，そして，何か問題があったときに何をどう改善するのか，について順に見ていきましょう。

(1) 誰に何を見てもらうのか

　幅広い関係者にプロトタイプを見てもらい，様々な角度から意見を聴取します。評価は，自分たちがやっていることを説明し，具体的なイメージが持てる程度の試作品を見てもらいながら行います。意見を聞かれること自体が「自分も大切にされている」というメッセージとして届きますし，少しでも自分の意見が採用さ

表4-7 形成的評価に用いるデータの種類，情報源ならびに収集の時期

情報源		データの種類		
		試用以前	試用中	試用後
外部協力者	指導者	●教材の適切性	●教材の管理	●教材に対する意見，感想および提案
	学習者	●前提行動のテストの結果	●教材に組み込まれたテストの結果	●事後テストの結果
		●事前テストの結果	●教材とその内容に対する意見	●教材に対する意見，感想および提案
		●事前・事後テストの指示と項目の明確性		●完了までの経過時間
チーム内	SME	●内容の正確性，最新度および語彙レベルや例題の妥当性		
	ID専門家	●学習指導原理の適切な応用		●教材改善の適切性
		●用語の適切性		

注：鈴木1987の表1の一部術語を変えて簡略化した。

れたとなれば，さらに強く支持してくれるでしょう。

　表4-7に，形成的評価についての研究の結果をまとめ，誰に何をどの時期に聞くかについて整理しました。学習者に実際にプロトタイプを使って学んでもらうのが，効果を予想するうえでは一番確実な方法です。その他の情報源としてeラーニングを使用する科目を担当する教員や該当教科の専門家（SME），あるいはIDを専門とする人などがあげられます。

(2) 何をどう改善するのか

　プロトタイプを見てもらった（あるいはやってもらった）結果，どうもこのままではうまくいかない，ということが判明した場合，何をどう直したらいいのでしょうか。改善するといっても，何かを加える・削る・動かす・修正するなど様々な場合が考えられます。不足しているものは加え，不要なものは削る。順序がまずければ動かし，間違いや効果が上がらない部分は修正する。その際に，「その

変更をすることがどのくらいのコストを伴うのか，そのコストに見合うだけの向上が見込めるのか」についても検討する必要があります。まず実際に変更する前に，「こういう変更が考えられるがどう思うか」を聞いて，賛同を得てから変更する，という手順を踏むと，せっかく直したのにまた元に戻す，という事態は避けられるでしょう。

　改善には具体的に何が含まれているかをイメージする手がかりとして，有力な改善方法のリストを表4-8に示します。さて，どんな改善をしたらよいか，あな

表4-8　教材改善方略のリスト

付加	A.	前提技能と知識に関する説明を加える
	B.	学習者に教材の使い方の訓練を加える
	C.	教材を使って指導するインストラクタへの訓練を加える
	D.	予告（先行オーガナイザー）を加える
	E.	イラストを加える
	F.	作業の補助を加える
	G.	例を加える
	H.	活動を加える
	I.	フィードバックを加える
	J.	転移のための練習を加える
	K.	テスト項目を加える
	L.	動機づけを加える
	M.	多様性を加える
簡易化	N.	複雑さのレベルを下げる
	O.	用語を簡単にする
	P.	より小さい単元を使う
	Q.	より大きい単元に教材を合わせる
	R.	順序を変更する
	S.	関連性の薄い情報を削除する
	T.	関連性の薄い活動を削除する
その他	U.	例をより関連のあるものにする
	V.	教授メディアを変える
	W.	教材のフォーマットを変える
	X.	形成的評価に用いた学習者を変える
	Y.	プロジェクトを破棄する
	Z.	変更をしない

出典：鈴木1987の表2を一部の術語を入れ替えて再掲した。

たの場合についても考えてみましょう。その際，いろいろな意見をもらっていろいろ考えたが，結局「変更をしない（表4-8の最後の選択肢）」も選択肢のひとつであることもお忘れなく。

第 5 章

マイクロデザイン
双方向性・教材・メディア要素

> The one real object of education is
> to leave a man in the condition of continually asking questions.
> —— Bishop Creighton

　近年，Web は世界中の人々の間で情報を共有するための双方向性を持った有効なツールとなりました。1991 年にインターネット上に公開された Web という技術が，新たな学習機会となり，平等に学習情報にアクセスする機会を提供できるようになりました。この章では，ブレンド型 e ラーニングを作っていくためのマイクロデザインについて述べますが，はじめに Web を利用した e ラーニングの特性を考えてみましょう。

5.1　Web を基盤とした e ラーニングの特性

　Web を基盤とする e ラーニングの特性は，第 1 に学習環境を押し広げたことだといえます。つまり，学習は教室，家庭，さらに仕事場でも起こりえます。学習時間の制約を克服することができますし，教授・学習活動は時空を越えた仮想

的な空間でいつでも起こりえます。

　第2に，Web上のeラーニングは，インタラクションを通して経験的に知識を獲得していくような活動を促進します。Webは，協同学習方略を支援するので，学習者は仲間と様々な事柄について議論したり，特定の事柄について専門家に質問したりすることができます。Web基盤のeラーニングにおいては，同期，あるいは非同期という形で，活発な協同活動や情報のやりとりをデザインすることができます。

　第3に，Web上のeラーニングでは，いろいろな視聴覚的情報にアクセスすることが可能となります。Web上の情報は様々な形態の情報を組み合わせた複合メディアの形態で得られ，コンテンツは自由に選んでアクセスできるハイパーメディアの方式で提供されます。インターネット上の様々なデータに対して，あらかじめ順序を決めない方法で学習者を誘導することができます。ハイパーメディア方式のWebによって，学習者は学習内容，情報資源，メディアを選択することができ，理解や学習を深めることができます。

　以上のことからわかるように，従来の学習へのアプローチとWeb上のeラーニングにおけるアプローチは，多様な側面で異なります。表5-1に，この2つのアプローチの主要な違いについてまとめてあります。

　もしあなたが，この2つの学習へのアプローチを結合し，対面教育とWeb上のeラーニングをブレンドして用いたいのであれば，綿密な計画が必要です。本

表5-1　学習に対する2つのアプローチ

	従来の学習	Web上のeラーニング
情報源	教師／テキスト	インターネット上の各種の情報資源
情報の形態	主に文章	マルチメディア（視聴覚）
提示の型	直線的	ハイパーメディア（リンクを利用）
インタラクションの類型	同期	非同期／同期
時間／空間の自由度	時間／空間に拘束（教室）	時間／空間から自由（ネットワークの世界）

章では，ブレンド型のeラーニングの具体的な設計（マイクロデザイン）を3つの側面——双方向性，教材（コンテンツ），メディア要素（視聴覚）——から学んでいきます。

5.2 双方向性のデザイン

マイクロデザインの最初の要素は双方向性（インタラクション）のデザインです。第3章で述べたように，私たちはWeb上の各種の方法を用いて，非同期・同期のインタラクションに参加することができます。Web上で，ある特定の型のインタラクションを許すか，禁止するかは自由に決められますが，それはインタラクションをどうデザインしていくかが非常に重要だということでもあります。ここで主要な2つの関連タスクは，評価まで含んだナビゲーションとWeb上の学習活動の設計です。

(1) ナビゲーション

ナビゲーションとは，Web上で学習者にどのような活動をさせるのが良いかを前もって想定し，その想定にそって学習者がWebページを移動できるように導く機能のことです。たとえば，次のページに進む，前のページに戻る，関連のある別のサイトへのリンクを利用する，などです。ナビゲーションをデザインするには，まず学習成果を最大限に引き出すために学習者にどれぐらいの自由度を与えるかを考えます。対面教育と比較すると，eラーニングでは学習者が希望のトピックを選んだり，次の学習内容に移るペースを管理したり，何を飛ばして学んでいくかを自分で決めることができます。学習者が自分で自分の学習を制御するようなeラーニング環境（自己制御型）のなかでは，多くの側面について選択肢を学習者に与えられます。それに対して，プログラムに制御されたeラーニング環境（プログラム制御型）では，学習者はほとんど選択肢を持ちません。eラーニングの学習環境は，自己制御型にもプログラム制御型にもデザインすることが可能です。

先行研究によると，学習者は自分の学習をすべて自己管理することを好むと言われています。学習者は，自分の好きな話題を選ぶ傾向があり，勉強したくない話題はリンクを飛ばして学びません。自分の勉強時間をより自由に使いたいと思うからです。しかしながら，果たしてそれは効果的な学習なのでしょうか？　実際，学習者による学習制御の効果は，学習者の既有知識の量やメタ認知力の高さによって変わってきます。メタ認知力とは，自分自身が学習するときのプロセスを意識し，モニターし，それを制御する能力のことです。

　クラークとメイヤー（Clark and Mayer 2003）は，eラーニングの設計者に対して学習者による学習制御と学習効果との均衡をはかるための3つの方略を推奨しています。

①学習者が高度な既有知識あるいは，高度なメタ認知力を備えている場合は，学習者が自分自身で制御できるようにすること。前述したように，学習者がすでにeラーニングプログラムの内容に対し既有知識を多く持っている場合や，学習者が自己管理できる高いレベルのメタ認知力を備えている場合，あるいは学習内容が比較的簡単な場合は，学習者による学習制御が効果的である。

②重要な学習内容や学習活動はデフォルトオプション（最初から選ばれている選択肢）とすること。ある話題や練習問題で学習者全員が学ばなければいけない場合は，学習者に選択する自由を与えてはならない。むしろナビゲーションをデフォルトオプションとして与えることにより全学習者にそれらの重要な内容を学ばせなければならない。

③学習者による学習制御に関して助言を与えること。この方略は，自己の学習を制御する自由を与えつつ，学習者に何を選択して，どこへ飛ぶかに関しての的確な助言を与えることを目指すものである。

　ナビゲーションをデザインするときの次のステップは，役に立つリンクを用意することです。eラーニング環境では，情報を効果的に見つけ，知識を発見していくために学習者は1つのページから次のページへと移動しますが，そのとき，学習者は，Web上のどこに今自分がいるのか，そしてどこへ行くのかを知って

いる必要があります。学習者が必要な情報にアクセスするためにはネットワーク上のリソースへのリンクを張る必要があります。

ナビゲーションは，3つの種類があります（Boling and Kirkley 1996）。

① サイト内のナビゲーション　　Forward（「次へ」）や backward（「戻る」）機能を使うことにより，サイト内において他ページへのリンク，およびページ間のリンクを張ることができます。基本的なナビゲーションボタンはすべての画面に置く方が良いでしょう。

② サイト間のナビゲーション　　関連した他のサイトへのリンクは学習者がネットワーク上の情報を操作していくうえで重要です。他サイトへのリンクは，その分野への知識構築の土台を学習者に提供します。しかしながら，これらのリンクは，学習内容を知らず知らずの間に増やしていくことになるため，慎重に使っていくことが大切です。

③ ページ内のナビゲーション　　ページ内リンクは同じページ内において，非常に長い情報を学習者にナビゲートしていくのに役立ちます。学習者の待ち時間の節約にもなります。ナビゲーションの目的で，単語やフレーズにリンクをつけることもできます。しかしながら，ID の観点からは，すべてのリンクを一度だけ用い，リンクの使いすぎは避けるべきです。

その他，ナビゲーションに関する重要な手引きとして，目次を始めのページに持ってくることや，コースの概要やレッスンの構成を示した図を用いることがあげられます。それによりレッスンの全体像を学習者に提供することができます。

(2) Web 上の学習活動とテスト

Web を利用した効果的な e ラーニングにするには，Web 上の学習活動は重要です。学習者は，積極的な参加や他の人々とのやりとりを通して学んでいきます。インタラクションを活発にするために様々な方法がありますが，この節では，①練習問題と②協同課題の2タイプの活動に着目していきましょう。

① 練習問題

　多くのeラーニングプログラムは，学習内容を提示してはいるものの，インタラクティブな練習問題を含んでいません．しかし，課題や学習内容に関連した練習問題を設けることによって，新しく獲得した情報を長期記憶に定着させることができます．これは顕在的リハーサル（overt rehearsal）と呼ばれる機能が働くからです．練習問題には，多肢選択式問題，正誤問題，リストから正解を1つ選ぶ方式などがあります．これらは，対面教育における練習問題とよく似ています．通常，LMSはオンラインの練習教材を作って，それを自動採点する機能を兼ね備えています（たとえば，MoodleにおけるQuizzesや，WebCTにおけるSelf-TestsやQuizzes，BlackboardにおけるTestがそうです）．もちろん，これらの機能は科目の点数をつけるための評価や定期試験の問題としても使うことができますが，日常の授業内容について，試験より前に練習問題として活用できるように提供することを考えたいものです．

　学習者が課題に真剣に取り組むようにするためには，練習問題の形式をしっかりと選ぶ必要があります．そこで，どのような練習問題ならば学習者の活発な取り組みを促進できるのだろうかということが重要になります．まずはじめに，情報を単に記憶して思い出すだけで答えられるような問題は尋ねないことです．むしろ，eラーニングの学習内容を意味のある文脈のなかで応用できるかどうかを問うべきでしょう．学習者は関連した情報を検索して取り出し，選択や問題解決に応用できなければなりません．暗記の練習ではなく，情報を別の文脈で使うような活動になる練習問題を用意すれば，学習を活発にすることができるでしょう．

　第2に，練習は長期記憶への知識の定着を促進します．複雑な課題に対しては特に練習問題をたくさん必要とします．より多く練習をすることにより，学習効果が上がるということは多くの研究成果が示しています．先行研究によると，何度かに分けて複数回練習する「分散型練習」がひとつの場所に練習を配置するよりも効果的です．つまり，授業の最後によい問題を1回だけ提供することではなく，授業全体を通して分散して何回も練習問題を提供していくことが学習には効果的です．

第3に，オープンエンドな質問も練習問題として使えます。たとえば，「なぜそうなると思いますか？」などのような単純に理由を問う質問を授業の最後に置くことだけでも，学習者が考えることを手助けし，学習内容を深く理解することにつながります。LMS上の掲示板に意見を書き込む課題を設置し，互いの書き込みについて意見を交換させたり，次の授業でいくつかの回答を取り上げてコメントしたりするとよいでしょう。あるいは，ひとつの論点について，学習者に賛否両方の側面から考えるよう促すこともできます。両側面を分析するためには，学習者は多様な情報資源を調査・統合し，情報を徹底的に分析することが求められます。そしてそのことが，より質の高い学習へと繋がります。

② 協同課題

　多くのeラーニングは，個別学習用に作られており，協同学習を促進するようにはできていません。先行研究によると，いろいろな科目や様々な課題で，単独で学ぶよりともに学びあうほうがより良く学べるようです（Johnson and Johnson 1990；Harasim et al. 1995；Clark and Mayer 2003）。

　Web上の学習活動を通じて協同学習を促進する方法は，グループ討論，問題解決学習，専門家に尋ねるセッション，質問とそれに対するフィードバックを与えるセッションなど，いろいろあります。ただ単にグループ単位で一緒に課題に取り組むだけでは学習者の協同学習は促進されません。学習者は，彼らにとって意味のある課題だと思えば，積極的に取り組みます。オンライン上の生産的な協同活動のための方略は以下のとおりです。

　第1に，課題が始まる前に，学習者に対して共通となる知識の基盤を与えることです。新しい読み物や練習，前回の授業の復習などは共通の知識基盤となります。学習者に，何を，どのように，いつやりとりするかに関して，明確な方向性を与える必要があります。

　次に，あなたのeラーニングにおいて協同課題を促進するために最適な機能を選ぶ必要があります。LMSは，Discussion boards や Communication （Blackboard），Communication tools や Evaluation tools （WebCT），Chats, Forums

やWikis（Moodle）など，協同学習環境を設計・提供するために，様々な技術を用意しています。LMSの掲示板を使うことは非同期で，計画的なディスカッションに効果があります。同様に，個人や集団間の電子メールも非同期型のディスカッションに使えるでしょう。一方で，同期型のディスカッションでは，チャットやテレビ会議システムも利用できます。表5-2にeラーニングにおけるディスカッションの機能をまとめて示します。

第3に，学習者が協同課題に取り組むときに，ペアやグループのメンバーと交流する場としてディスカッションがあります。その方法は以下のとおりです。

グループの大きさは，5人以下が効果的です。もしできるならば，異なる知識

表5-2 eラーニングにおけるディスカッションの機能

機能			内容	eラーニングでの使い方
非同期型	掲示板		スレッド形式のメッセージボードに関連するコメントを表示。多くの参加者と文字（音声も可）により非同期に相互にコミュニケーションできる。	特定の議題に関する集団討論（大きい集団）。共通のあるいは異なる議題に関しての集団討論（小さい集団）。授業後のコメント。
	電子メール	個人	メッセージを送受信するために，個人の電子メールアドレスが利用される。非同期に2人以上で相互に通信できる。	教師―学習者間のコミュニケーション。ペアによる協同作業。
		集団（メーリングリストサービス）	メーリングリストに加入しているメンバー全員がメッセージを送受信できる。	集団討論（大きい集団）。クラスの連絡。
同期型	チャット		2人以上の参加者が文字（音声も可）を媒介して同期で連絡しあう。	協同グループプロジェクトあるいはペアプロジェクト。
	テレビ会議		モデレーターにより，2人以上の参加者が一度に連絡しあう。ビデオや音声を用いた会議は広く知られている。グラフィックやファイルのデータも交換できる。	グループプロジェクト。ゲストスピーカーからのフィードバックセッション。

や背景をもった学習者を組み合わせます。グループは同質であるより多様なメンバーがいるほうが学習成果を高めることができます。トピックのリストやグループ内のリーダーや構成員の名前を含め，よく編成したメニューを提供すること。学習者が討論で特殊な話題にもついていけるように必要な情報を提供しておくことが大切です。

　第4に，よく計画されたディスカッションにおいては，2つの協同学習（コラボレーション）のタイプがあげられます。成果重視型と過程重視型の協同学習です。成果重視型の協同学習では，eラーニングでディスカッションを促進させるためにグループレポートやデザイン製品などのアウトプットが必要です。この場合は，アウトプットと学習プロセスの両方を評価します。過程重視型の協同学習では，具体的なアウトプットは必要ではありません。しかしながら，ディスカッションを行う間，与えられた問題を解決したり，与えられた情況を理解したりするために，構想，見解，情報や評価をグループで意見交換していくとよいでしょう。この場合，学習プロセスとともにこれら意見の交換の質も評価します。

　状況によっては，同期のインタラクションを行う必要があるでしょう。ブレンド型学習では，教室で討議を行うのが最も簡単な方法です。もし，討議をオンラインで行う必要がある場合は，チャットやテレビ会議を利用できます。

　オンライン上の活動を支援し，学習者を励ます目的で行われるeモデレーション（オンラインファシリテーションとも呼ばれる）は，オンラインディスカッションを円滑に運営していくうえで重要です。モデレーターによる適確なコミュニケーションへの介入によって，学習者のeラーニングを促進することができます。ベルジ（Berge 1995）は，モデレーターの4つの役割を特定しています。①教授学的役割，②運営面における役割，③社会的役割，④技術的役割の4つです。また，フースタイン（Hootstein 2002）はeモデレーションの系統的な枠組みを，4つの鍵となる効果的なeモデレーターの機能を軸にして提案しています。彼の用語によると，eモデレーターは「4足の靴」を履いており，①プログラムマネージャーとしての組織的役割，②社会的指導者としての社会的・協力的な環境を作り上げる役割，③教師としての知的な支援や学習過程を指導する役割，④技術面

のアシスタントとしての技術的支援を,それぞれ行う役割を担っています(http://www.emoderators.com/moderators.shtml)。その他の秘訣としては,関係者の電子メールアドレスのリストを提供したり,受信者に電子メールを自動的に送るようにしたりすることも考えられます。また,授業外のやりとりを簡単に行えるようにしたり,特定の分野に関しては,専門家へのリンクを提供したりするのも良いでしょう。

(3) Web 2.0 のテクノロジー

オンラインのインタラクションに用いることができる最も新しい技術は Web 2.0 と呼ばれる技術です。この技術の提唱者たちは,Wiki やオンラインのコミュニティが教育というものの定義を変えるだろう,真の協調的学習を可能にし,教育と学習の新しい基準を作るツールを教育者に提供していくだろう,と予測しています。たしかに,Web 2.0 の技術は,議論を活性化したり,知識を創造・共有したり,学習者を支援してアカデミックな能力を伸ばしたりする可能性を持っています。

では,Web 2.0 とは何でしょうか。オライリー (O'Reilly 2005) は Web 2.0 について,次の特徴があると述べています。

①Web のプラットフォームである
②集団的な知を結びつける
③データが中心的な要素である
④ソフトウェアは物ではなくサービスである
⑤ユーザたちはお互いに共同開発者である
⑥プログラムのモデルである

Web 2.0 の例には,Google AdSense, Flickr, BitTorrent, Wikipedia, ブログなどがあります。Google AdSense (http://www.google.com/adsense) は,広告サービスです。Web サイト所有者がテキストだけでなく画像やビデオを組み合わせた広告を自身のサイトに表示できるようにします。Flickr (http://flickr.com) は写真を共有するためのサイトで,オンラインコミュニティ向けプラットフォー

ムの機能も提供しています。BitTorrent（http://www.bittorrent.com）は，高品質の画像や大容量のファイルなどをインターネット上でやりとりするときに便利なサイトです。Wikipedia（htpp://wikipedia.com）は，一般ユーザの手によって書かれて編集された多言語フリー百科事典として有名です。ブログとはweblogの略で，Web上の日記を手軽に公開するためのサービスです。

　これらのWeb2.0の技術は教育の世界に展開されて，教育活動を変化させ，人々の学習の機会に新風を起こしています。eラーニングは一方向的なマルチメディアや単純なクイズから離れて，もっとオープンで融通性があり，インタラクティブで社会的な学習環境を実現するものになりつつあります。Web2.0を統合した「eラーニング2.0」は，教育の世界に足場を獲得しつつあります。個人によるブログも，複数の筆者によるブログも，どちらも教育に取り入れられています（たとえば，"Support Blogging for School Bloggers"）。東京大学ポッドキャストのような機関が学習者にデジタルコンテンツを提供し始めましたし，学生の手によるポッドキャストも教育の世界に現われてきました。

　メディアの共有も同様です。たとえばFlickrはいろいろな写真とイメージを使ってプレゼンテーションすることを可能にし，学習資源として活用できるようになりました。同時に，ユーザ自身が自分のイメージを公開したりフィードバックをもらったりすることができます。また，ビデオの共有はYouTubeでなされています。社会的なネットワークという特徴はELGGなどに見られますが，教育に統合されて学習者間のインタラクションを増やしています。

　MoodleはオープンソースのLMSですが，ブログ，Wiki，そのほかの社会的ネットワーキングの機能を備えています。ブログは日記のように学習者が自分の思考の記録をつけてゆき，教師や仲間の学生たち，さらに広範な読者たちから意味のあるフィードバックを得やすい環境を提供しています。Wikiでは学習者がコンテンツを作り，編集し，さらに再編集するという共同作業を促進します。大学の教育のなかでは，the wikiversity（http://www.wikiversity.org/），wikibooks（http://www.wikibooks.org/），wikisource（http://www.wikisource.org/wiki/Main_Page/）というものが役に立ちます。

教育における Web 2.0 の技術の利用に関しては，いくつかの議論されるべき問題があります。コンテンツの知的所有権と著作権はなかでも重要なものです。さらにユーザがコンテンツを作ることやそれを介して行われるインタラクションが学習に与えるインパクトと信頼性の問題も慎重に検討しなければなりません。これらのテーマに関しては今後の研究が必要です。

5.3　教材のデザイン

　教材のデザインとは，あなたが e ラーニングのサイトに載せようとしている学習内容について選択，構造化，作成，更新を行うことです。情報を選択・構造化し，構成要素を作成・更新していくことは設計者が良質の e ラーニングサイトを開発するうえで考慮しなければならない重要な要素です。ブレンド型学習の授業において，あなたはすべての学習内容を対面授業で提示していくか，オンラインディスカッションと統合させていくか，あるいはオンラインでのみ学習内容を提示していくか選択できます。この節では，オンラインですべての学習内容を，あるいは一部の内容を提供していくときに，学習内容（主として文字情報で構成する教材）を設計していくための方略を検討していきましょう。

(1)　コンテンツの選択

　e ラーニングサイトに適した学習内容を選ぶために，まず学習者を分析し，具体的な学習目標を特定する必要があります。

①　学習者の分析

　学習者の学習内容に関する既有知識・能力・態度についての情報は，内容を決めるために重要です。学習者の分析に関して，ボーリングとカークレイ（Boling and Kirkley 1996）は次のような質問項目を示しています。

- 誰が対象者か？（子どもなのか？　何歳ぐらいの層を扱うつもりなのか？　男子（男性）か女子（女性）か？）

- 何を学習者はここで学ぶ必要があるのか？（宿題か？　仕事に関連した課題か？　テストへの準備か？　学術的な内容か？）
- 学習者はここで何を見いだしたいのか？（非公式のメッセージか？　授業の通知か？　学問的知識か？　復習項目か？）
- 学習者はここで何を見る必要がないのか，あるいは見たくないのか？（非常に長い文字のリストか？　大人向けの教材か？）
- どのぐらいWebを閲覧するのか？（日常的か？　週ペースか？　時々か？）
- Webにどのようにアクセスするのか？（ブロードバンドを使ってか？　モバイルか？　モデムか？　カラーモニターか？　文字閲覧ソフトか？）
- どこで，Webにアクセスするのか？（家で？　学校で？　仕事場で？）
- 学習者は提示された新しい知識に対して十分な既有知識や能力を持っているか？
- 学習者は，新しい学習内容に対して，肯定的あるいは否定的な態度を持っているか？
- 学習内容に関して意欲はあるのか？

これらの質問のうち年齢や性別など，いくつかの情報は手に入りやすいでしょう。しかしながら，これらの情報のなかには容易に手に入らないものもあります。学習者の分析を効果的に行うためには，下記のような方法があります。

- 学習者に対して考えられること，知っていることをすべて書き出してみます。上記の確認項目を利用すると良いでしょう。
- 学習者に求める姿ではなく，学習者のあるがままの姿を描写するようにします。
- 学習者に短い質問や，インタビューをします。
- 学習者の特徴を多くの要因に分類します。たとえば，一般的な特徴（年齢・性別・学習環境・身体的能力など），学習内容に関連した特徴（既有知識，能力や意欲など），学習スタイル（視覚型学習者か聴覚型学習者か，高いメタ認知能力をもつか否かなど）の3つに分けるなどです。
- 学習者間の相違を明確にします。
- もし，可能であれば，学習者分析の結果を学習者と一緒に確認してみます。

② 具体的な学習目標の特定

　教材や教育内容を選択するためには，eラーニングの終わりに学習者に何を達成してほしいか特定する必要があります。教授目標（instructional objective）は，一般的な目標あるいは目的（instructional goal）より詳述に定めます。たとえば，「学習者はよりよいエッセイを書けるようにする」は一般的な目標です。教授目標は，「学習者が1つの導入段落，議論を要約した2つの段落，自分の立場を議論した2つの段落，反論や返答をふまえた1つの段落，そして結論に言及する段落という，5つの要素をふまえたエッセイを書けるようにする」となります。

　目的と目標の設定に関してアプローチの仕方は多々あります。たとえば，メーガー（Mager 1997）は，具体的な目標を設定するための3つの要素を提案しています。この点は，第4章で紹介しました。ハイニックら（Heinich et al. 2002）は，同様の立場をとり，「ABCDアプローチ」を薦めています。ABCDはAudience（対象者），Behavior（行動），Conditions（状況），Degree（程度）の略です。

- Audience（対象者）　　学習者を特定し，学習者の視点から目標を設定します。
- Behavior（行動）　　　教授が完了した後，学習者に何が期待されているか書き出します。
- Conditions（状況）　　学習者の行為が生じるときの設定や周囲の環境を書き出します。
- Degree（程度）　　　　合格の基準を説明します。

　ABCDアプローチを使って，試しに目標を設定してみましょう。「小学校5年生が（Audience），日本地図を与えられたときに（Condition），人口100万人を超える日本の都市を，少なくとも3つ（Degree），言うことができる（Behavior）」「初級の日本語学習者が（Audience），簡単に描かれた地図を見ながら，習った単語や文型を使って（Condition），聞き手の日本人にわかるように（Degree）地図上の特定の場所への行き方を説明することができる（Behavior）」。これでeラーニングの目標を提示していく用意はできましたね。

③ 学習内容の選択

　学習者を分析して学習目標を設定したら，次に，学習者が学習目標を達成できるように，適切な教材を選びます。たとえば，目標を次のように設定したとしましょう。「小学校5年生が（Audience），日本地図を与えられたときに（Condition），人口100万人を超える日本の都市を，少なくとも3つ（Degree），言うことができる（Behavior）」。この学習目標を学習者が達成するために，あなたは人口が100万人を超す都市が載っている日本地図を提示する必要があります。もちろん，同様に，それらの都市の名前も学習者に示さなければなりません。

　学習内容は教科書，参考資料，論文，記事やその他様々なリソースから選ぶことができます。Webサイトも，優れた学習内容の情報源を提供してくれます。教育情報ナショナルセンター（http://www.nicer.go.jp/）と独立行政法人メディア教育開発センター（NIMEglad：http://nime-glad.nime.ac.jp/）は，Web上に優れた情報源を提供しています。

(2) 学習内容の構造を考える

　さて，選んだ学習内容はどのように提示していけばよいでしょうか？　学習者や学習目標の分析に基づいて学習内容を構造化していくときには，レイアウトや構成についてよく考えることが大切です。レイアウトというのは，画面上にいろいろなオブジェクトを配置していく方法のことです。様々なオブジェクトを適切に配置することで学習効果を高めることができます。

　Webサイトを設計するためのスタイルガイドは多々存在します。一例として，
　http://www.indiana.edu/%7Evdim/Layout/Intro/Layout.HTM
　http://www.webstyleguide.com/page/index.html
などがあります。

　各画面に学習内容を編成していくにあたり，重要な着眼点は以下のとおりです。
- 近似性の原理を用い，関連した内容を近い位置に置くこと。関連がない項目は離して配置します。学習者は近くに配置されたオブジェクト同士を関係づけて知覚します。一方で離れたもの同士は，関連がないものだと見なします。

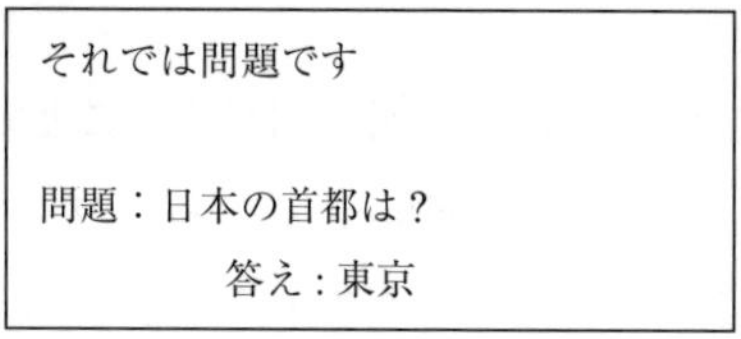

```
┌─────────────────────┐    ┌─────────────────────────┐
│ それでは問題です      │    │ それでは問題です          │
│                     │    │                         │
│ 問題：日本の首都は？  │    │ 問題：          答え：   │
│        答え：東京    │    │ 日本の首都は？    東京   │
└─────────────────────┘    └─────────────────────────┘
   図 5-1 よくない配置例        図 5-2 改善した配置例
```

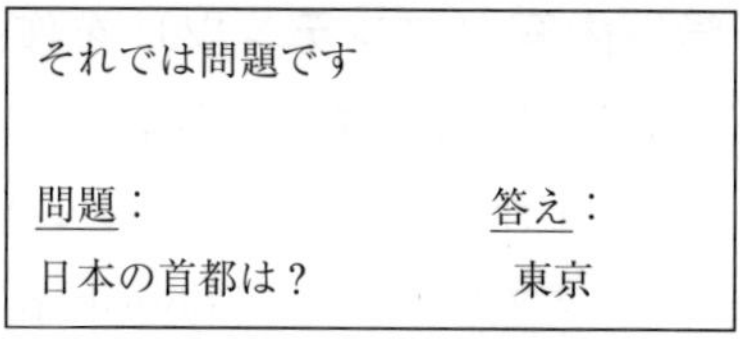

よって，あなたが，いくつかの学習内容を関連づけて提示したければ，それらを近くに置けばよいでしょう。もし，それらを関連づけたくないならば（少なくとも関連性が薄いことを示したいなら），離して配置するとよいでしょう。

- 違うものが違うと視覚的に際立つように文字を配置します（図 5-1 と 5-2 参照）。図 5-2 の並べ方のほうが，違いが際立っています。
- 余白を効果的に使うこと。余白は，関連した項目を一緒に配置し，関係のない項目を離して配置するのに必要なひとつの要素です。関連項目間では，余白を少なめに，関連のない項目，あるいは全く異なる項目間では余白を多めに使うこと。余白はまた，学習者に余裕を与え，全情報量に圧倒されるのを防ぎます。
- 効果的な学習を促進するために，ハイライト，フォントの大きさ，装飾的なグラフィカルな要素など，レイアウトの構成要素を利用すること。これらの使用は最小限にとどめ，また一貫性を持たせて用いるようにします。簡単で一貫したレイアウトは，学習者が学習内容の構成を理解する手助けとなり，Web ページ上の重要な情報に集中しやすくします。
- 階層の少ない構造にすること。教育的な Web ページでは，個々の階層のレベルを 3 つか 4 つに絞り，浅い構造のコンテンツを作るのがよいでしょう。また，学習内容を多くの離れたページ上に，小さいチャンクとして細切れに分けて配置してしまうのは，良いデザイン方略とはいえません。

(3) 学習内容（コンテンツ）を作る

　学習内容を構造化したら，次に必要なことは，実際に教材を開発することです。コンテンツを作成するためのソフトとしては，PowerPoint といったプレゼンテーションソフトウェアや Photoshop といったグラフィックソフトウェア，ワープロソフトあるいは Dreamweaver などの Web エディターなどを利用することができます。音声教材やビデオ講義も同様に作ることができます。

　ワープロソフトを使い，学習内容を作成したら html ファイルとして保存し，e ラーニングのサイトにアップロードする（LMS 上に用意されている場所にコピーを保存する）方法が最も簡単でしょう。もしあなたが，1，2 回の授業だけで e ラーニングを利用したいなら，ワープロソフトで作成した文書を PDF ファイルとして公開するという方法もあります。説明，チャート，練習，Web リンクなどすべての内容が入った文書ファイルを（PDF 形式に変換して）保存し，それを LMS 上にアップロードするだけです。プレゼンテーションソフトウェアで作成したファイル，講義の音声ファイル，あるいはビデオ講義のファイルも文書ファイルと同じようなやり方で，LMS 上にアップロードできます。音声や動画ファイルなどのメディア要素をどのようにデザインしていくかについては，次の節で検討していきましょう。

(4) 更新する

　Web を利用すると，情報を頻繁に更新し，最新の情報を用いて学ぶことができるため，編集は e ラーニングのデザイン上非常に重要です。次の点に配慮して，編集を行います。

- 引用，帰属承認，作者の特定，著作権表示を慎重に検討します。
- すべてのグラフィックは情報の価値を，批判的に考慮する必要があります。
- リンク切れが起きていないか，定期的に点検します。

5.4 メディア要素のデザイン

(1) マルチモーダルなメディア要素をどう使うか

　マルチモーダルとは，音声，テキスト，静止画，アニメーションなど様々なモードで情報を提示することを指します。マルチモーダルなメディアを利用することは，認知的側面からも推奨されます。言葉は，音声によるもの，テキストによるものの2つのモードがあります。グラフィックには，静止画，アニメーション，ビデオ（動画）が含まれます。eラーニングにおいてはこのようなマルチモーダルなメディアを使い，言語によるプレゼンテーションとグラフィックによるプレゼンテーションを組み合わせて提示することで，理解を深めることができます。とくに，初学の学習者は，言語によるプレゼンテーションだけでは浅いレベルの理解しか促進されない場合があります（Clark and Felden 2005；Mayer 2001）。

　どのような視聴覚メディアを使うのがよいかは，学習目標や学習者特性，コンピュータの性能によって変わってきます。eラーニングを使う場合，たとえば，ビデオによる講義，オーディオ・クリップ，ビデオクリップ，アニメーション，静止画，写真など様々なメディアを組み合わせて活用することができます。しかし，一方で，メディアの作成には労力や時間がかかります。そこで，まずWeb上に必要なメディア素材がアップされているかどうか調べることです。もし，著作権フリーの素材であれば，ダウンロードしたあと自分の授業にあった形に修正して用いることもできます。また，自分の教材の一部として組み入れなくても，素材が公開されているのであれば，そのサイトに教材からリンクを張るだけでその素材を利用することもできます。教育情報ナショナルセンター（NICER）やメディア教育開発センター（NIME），NHKなどのWebページには，授業で使うことのできる様々な素材が用意されています。

　もし，Web上に利用できる素材が見つからず，自分で作る必要がある場合，それにかかる時間，費用，人材などを十分に検討する必要があるでしょう。たとえば，講義を録音して，それをWebにアップすることは比較的簡単にできますが，長時間の講義を音声のみで学習者に聴かせることはあまり効果的とはいえませ

ん。また，固定カメラで講義全体を録画して，教材として使うこともありますが，それにかかる労力，サーバーの容量，どれくらいの学習者がそれを視聴するかなどを細かく検討してから取りかかるべきでしょう。

(2) メディア要素を盛り込むときのガイドライン

　視聴覚メディアを制作するという判断を下したならば，次にどのような内容をどのような形でWebページに盛り込むべきか検討する必要があります。その際のガイドラインを次に示します。

- 写真や静止画などのグラフィックを使う場合，グラフィックを単に示すだけでなく，学習内容の理解に役立つ説明を文章で必ず付け加えましょう。単に，見栄えを良くするためのグラフィックが載せてある場合がありますが，装飾的なグラフィックは内容理解の障害になるだけです。
- 音声を活用する場合，静止画や動画にナレーションとして音声を提示するのは効果があるでしょう。情報処理をするとき，私たちは聴覚による通信経路と視覚による通信経路の両方を活用することができます。もし，書かれた文章とグラフィックを同時に用いるとすると，私たちは視覚の通信経路だけを使い，文字情報とグラフィック情報を両方とも取り入れます。認知理論の研究によると，グラフィックと書かれた文章を同時に配信するよりも，グラフィックとナレーションを組み合わせたほうが，視覚と聴覚の2つの通信経路を利用できるため，学習効果が高まると報告されています。しかし，音声は時系列に流されますから，何度も見直したりできるテキストを学習者は頼りにする傾向があります。eラーニングでは，書かれた文章として情報が提示されると学習者は安心して勉強を進めることができます。
- 学習内容と直接関連のないBGMや凝ったグラフィック，授業に直接関係のないアニメーションなど余分な情報を付加することは，学習の妨げになります。原則は，不必要な情報は付加しないことです。見極めることが難しい場合は，取り除くことです。異質な題材が含まれるよりも，除外してあるほうが効果的であることを理解しましょう。

- マルチメディアを教材の中に簡単に利用できるようになると，長い映像を教材として利用する傾向が出てきます。多くのeラーニングプログラムでは，90分の講義をそのままビデオ講義として提供しています。このような長いビデオ講義シリーズは学習者を飽きさせ，学習に専念する意欲をそぎ落とします。大容量のファイルをサーバーに保存できるからといって，講義をビデオにすべて保存して学習者に提供することは避けるべきでしょう。映像は大切な部分のみに限り，ポイントを絞った提示の仕方をすると学習効果も高まるでしょう（Mayer 2005）。

(3) メディア要素のファイル形式とその特徴

　教育コンテンツのどの部分を，映像や音声として提供するかを決めたら，次はどのようなファイル形式で保存するのが適切であるか判断しなければなりません。利用目的に沿った形でファイル形式を決めていきます。

① 静止画像のファイル形式

　静止画像を保存するときはなるべくファイルサイズを小さくするようにしましょう。Webページでよく使われるのがGIFファイルです。256色しか扱うことができませんが，イラストやアイコンなどはGIF形式が多く，透明色を指定したり，背景イメージと重ね合わせたりすることができます。JPEGは1670万色まで扱うことができ，写真のファイル形式として使われます。色数が多いので写真に適しています。

　BMPファイルはWindows OSで標準に使われる静止画像ファイル形式です。フルカラーで劣化がなくて，どの画像ソフトでも使うことができます。しかし，ファイルサイズが大きいので，Webを経由して配信するときは他のフォーマットに変換しましょう。

② 音声のファイル形式

　WAVはWindows OSで，AIFFはMac OSで，AUはUnix OSで標準的に使

われる音声ファイル形式です。これらのファイル形式は圧縮されていないため，容量が大きくなります。一方，mp3形式は，音楽をダウンロードして保存するときに使われる形式です。PCMファイルの約10分の1のサイズに圧縮されるので，転送しやすくなります。編集をするときのファイル形式は圧縮していないものを使って劣化を防ぐことが大切ですが，配信用にWeb上にアップロードするときはファイルサイズの小さい形式に変換しましょう。音声ファイル形式に関してさらに詳しい内容は，次のサイトを参照してください。

http://en.wikipedia.org/wiki/Audio_file_format

http://www.nch.com.au/acm/formats.html

③ 動画像（ビデオ）のファイル形式

　動画像（ビデオ）を再生するには，パソコン側に再生するためのプレーヤーをインストールする必要があります。現在，主に使われているのはQuicktime, MediaPlayer, RealPlayerの3つのプレーヤーです。AVIファイルは，映像の編集に適しています。圧縮されていませんので，編集後に他のファイル形式に変換して，容量を小さくします。MOVは，Quicktime用のファイル形式です。MPG形式は，いろいろな種類があります。MPEG-1はビデオCD用，MPEG-2は放送用・ハイビジョン映像用，MPEG-4はストリーミング映像用などそれぞれ特徴がありますので，利用目的にあったファイル形式に変換することが大切です。

　メディア・コンテンツを作成したらファイルをサーバーにアップロードします。ファイル転送ソフトはフリーでもいろいろありますので，使いやすいものを選びましょう。

第6章

LMSへの統合

> It has become appallingly obvious that
> our technology has exceeded our humanity.
> —— Albert Einstein

6.1 LMS紙上体験

eラーニングでは，LMSと呼ばれるシステムが広く用いられています。ブレンド型のeラーニング教材をLMSに統合することを考える前にLMSの実際の利用例を見てみましょう。

ある日の午後。S君はつぶやきます。

ああ，そういえば明日はK先生の"ネットワーク援用教育論"の授業だ。先週の授業でたしか宿題を出すと言っていたな。今日中に提出しておかないと。まずは，この科目で使っているLMSにアクセスして……。

ええと，ユーザ名とパスワードを入力して，ログイン。それで，"ネットワーク援用教育論"をクリックと。

この［課題 Perl 2］線が動くプログラム，というのが宿題だな。この先生が出す宿題は，いつもなんか一風変なんだよな。まあ，クリックしてみると……なるほどそういう宿題か。

ほかの人も，作ったプログラムを続々と書き込んでいるな。

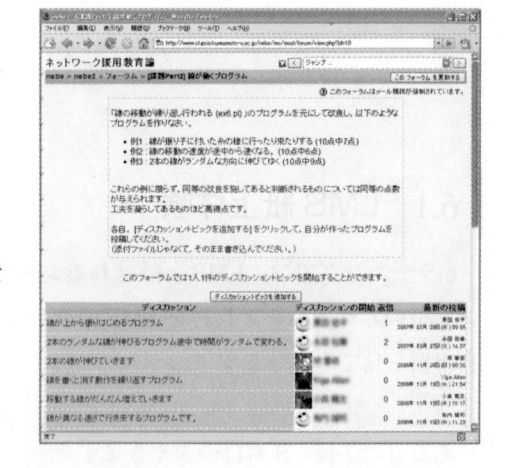

ほかの人が提出したプログラムも参考にしてみるか。うーん，この箇所はちょっと意味がわからない。先週の授業の内容が前のページに載っているはずだから……あった。そういう意味ね。

あ，小テストも宿題としてあるん
だった。

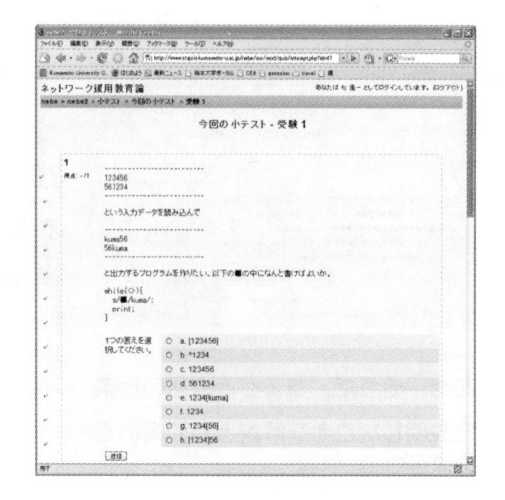

解答送信をクリックすると，すぐに採点されて点数がでるね。間違った問題につ
いては，ヒントも表示された。ああ，そこを勘違いしていたのか。今の結果は点
数がイマイチだったから，もう一度受験するか……おっと，今度は選択肢の並ぶ
順番が変わった。ええと，よし，これで……採点結果は満点！　バッチリやん。

S君の宿題提出にさかのぼること5日前，K先生のある日の夜。

いやぁ，今日の講義も無事終わった。プログラミングを講義で教えるのはやはり難しい。今日の講義内容の理解を深めてもらうために，講義内で予告したとおり，LMSに宿題を載せておこう。

お互いにどのような回答を提出したかがわかるように掲示板に書き込んで提出してもらうのがいいな。一般的な掲示板とは違い，書き込みに対してあとでこちらで点数をつけることもできるし。

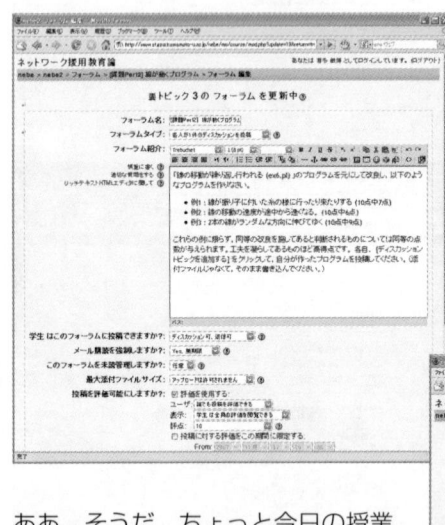

ああ，そうだ，ちょっと今日の授業で説明したことを解説として書いておこう。ページを編集モードにすれば直接書き込めるので，ブログのように簡単でよろしい。

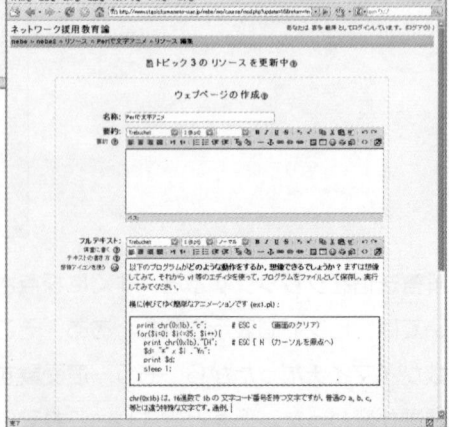

102 第6章 LMSへの統合

先週書いておいた解説はどれくらい学生は見たのかな？　残っている記録を調べてみると……お，結構みんな見てるようだ。

先週分のオンライン小テストはどれくらいの点数をみんな取ってるんだろう。ええと，総合点の悪い順に並び替えてみると……ああ，この#7の問題はできていない人が結構いる。次回の講義ではこの問題の解説を最初にしよう。

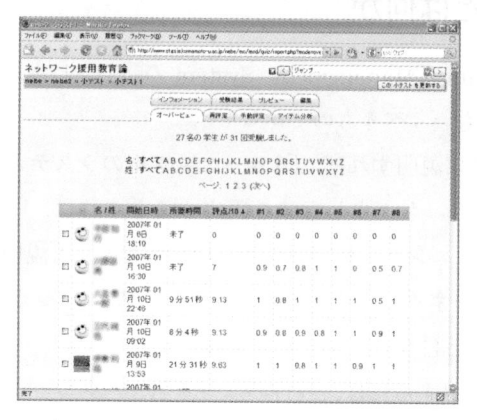

では，今回の復習用の小テストをつくるか。まずは，問題を1問ずつ作成してと。それで，問題を組み合わせを考えて，小テストを組みたてる，と。先週分で出来が悪かった問題は，今回の小テストにも入れておこう。

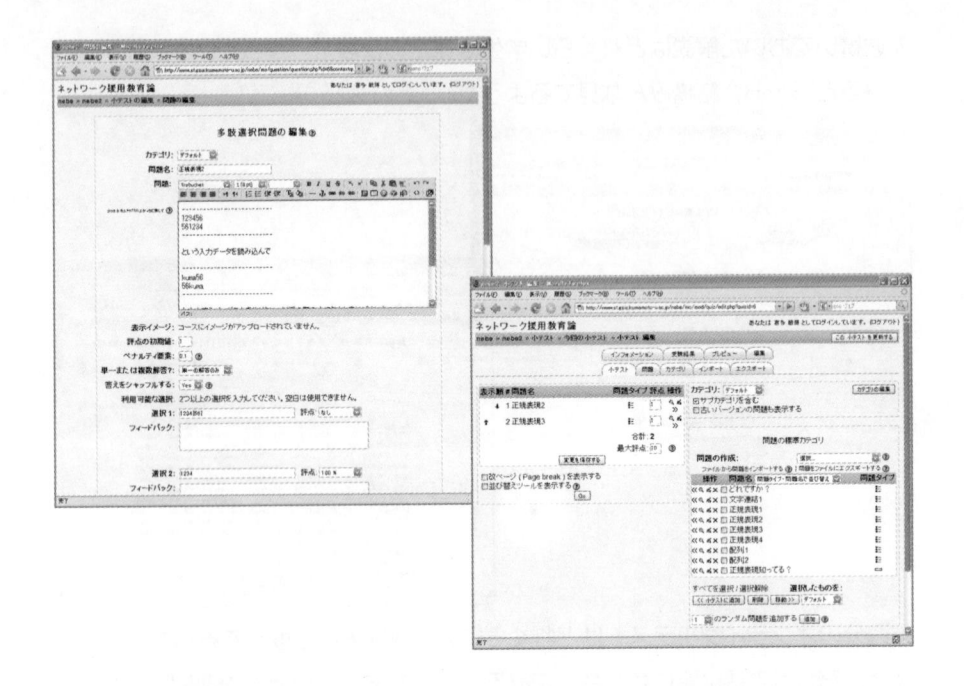

6.2 LMSとは何か

LMSとはLearning Management Systemの略で、日本語に訳せば「学習運営システム」とでもいうべきものです*。

LMSを最も端的に説明すれば、「eラーニング用のシステム」だといっても差し支えないでしょう。もう少し意味を限定するとすれば、「普通のWebページのシステムにeラーニングに必要な機能を加えたもの」と説明できます。ネットワーク上、インターネット上のLMSサーバーにWebブラウザでアクセスしてLMSを利用することになります（図6-1参照）。

通常、LMSを利用するには、各自のユーザ名とパスワードでログインする必要があります。これにより、各ユーザがログイン後に何を行ったかの記録が残る

---

* 「学習管理システム」という訳語が当てられることが多いですが、「管理」という言葉のニュアンスが厳しい感じがするので、筆者は「運営」が適していると思います。

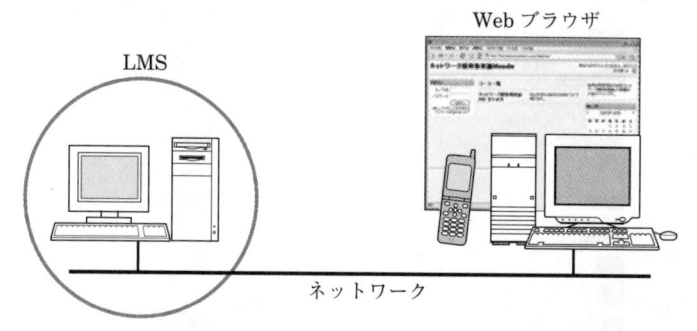

図6-1 LMSとそれを利用するための環境

ようになっています。また，利用者それぞれの立場や役割によって，ログイン後に表示される画面や使える機能が違うのもLMSの特徴のひとつです。LMSは，普通のWebサイトと同様，パソコンのWebブラウザからアクセスできますし，携帯電話のWebブラウザからもアクセスできるようになっている場合もあります。

LMSに相当する用語として，CMS（Course Management System）という名称も用いられます。ただし，教育の分野以外では，CMSは，Content Management System（Webサイトの情報更新を簡単かつ便利に行うことのできるシステム）を一般的に指すので，紛らわしいという問題があります。また，ヨーロッパではVLE（Virtual Learning Environment）という用語が好んで用いられています。

「eラーニング等のICTを活用した教育に関する調査報告書（2007年度）」（メディア教育開発センター2007）の「2.7 ラーニング・マネジメント・システム（LMS）」によると，全国の高等教育機関で利用しているLMSの種類は，図6-2のようになっています。

「Moodle」（30.5%）が最も高く，次いで「独自開発システム」（29.0%），「WebClass」（15.1%）となっています。大学では「独自開発システム」（34.0%），短期大学では「Moodle」（25.0%）の利用率が最も高く，高等専門学校では「WebClass」（55.3%）が著しく高くなっています。

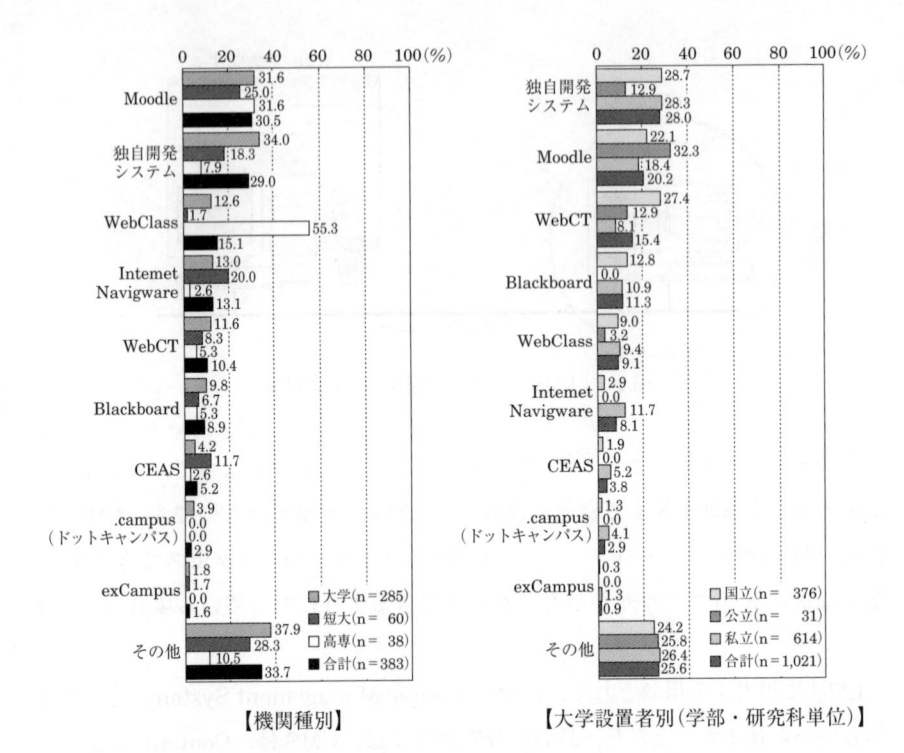

図6-2 全国の高等教育機関で利用しているLMS（NIME報告書 2007）

大学設置者別（図6-2の右）では，公立大学における「Moodle」（32.3％），国立大学における「WebCT」（27.4％）の利用率の高さが目立ちます（エミットジャパン 2005）。

WebClass，Internet Navigware，WebCTは商用システム（販売されている有償のシステム）です。それに対し，Moodleは，オープンソースのシステムとして公開されているLMSで，だれでも無償で利用することができるものです（井上ら 2006；Cole and Foster 2007；Rice 2007）。

6.3 オープンソース LMS とは

　WebClass，Internet Navigware，WebCT などは，ソフトウェア会社が開発して販売している有償の LMS なので，ソースコード（ソフトウェアシステムの設計図ともいえるプログラムの中身）は公開されていません。それに対して，オープンソースと呼ばれ，インターネット上で無償で配布され，ソースコードも全面的に公開されているソフトウェアが最近増えています。オープンソースの LMS としては，Moodle や，Sakai（Sakai Foundation が管理・公開），OpensourceLMS（NTT が開発・公開）などが代表的です。Moodle は，その手軽さが受け入れられ，日本はもとより世界中でユーザが増えてきているオープンソース LMS です。本章の冒頭「LMS 紙上体験」で示した画面表示例は，すべて Moodle のものです。

　オープンソースのシステムは，無償にもかかわらず有償のシステムと比べても遜色ない機能や使いやすさを持っているものが多い反面，システムに不具合やバグが見つかっても，文句を言う先はなく，それへの対応は基本的に自分でやるしかありません。ただし，Moodle もそうですが，有名なオープンソースのシステムには，その開発や改良を担うコミュニティ（ネット上での人の集まり）が存在しており，コミュニティが大きく活発であれば，ちょっとした不具合やバグは，報告すればすぐに修正されるので，安心です。また，中身が公開されていない有償システムとは違い，オープンソースのシステムであれば，プログラミングの腕に自信があれば，カスタマイズして自分が欲しい機能を追加することも可能です。

6.4 LMS にはどんな機能があるか

　LMS には様々な機能があり，個々の製品によっても違いますが，どの製品にも備わっている機能を中心に説明します。

(1) 自動採点テスト

　自動採点テスト（小テスト，アセスメントなどとも呼ばれる）は，学習者がLMS上のテストを受験し，LMSによって自動採点された結果が学習者に提示される機能です。受験して答案提出の直後に正誤や成績がわかり，間違った問題についてはヒントを表示させることもできるので，テスト問題そのものの品質（学習者の習熟度に見合った難易度のものを出題，勘だけでは正解できない形式，問題バンクからランダムに出題など）に留意すれば，学習者の自習用として，高い学習効果が期待できます。

　教員側としては，各学習者の答案や成績の履歴を見ることができるので，毎回の授業で学習者がどれくらい理解できているかを把握できます。必要に応じて手動採点の問題を設置することもできます。

(2) 教材提供

　Webページ言語やWebサーバーについての知識がなくても，簡単に教材ページが作成・公開できる機能が多くのLMSに備わっています。新たに作るのではなく，すでに持っているWebページ，ワープロ文書やプレゼンテーションスライド，マルチメディア資料等も掲載できます。普通のWebページとは違い，学習者がどのページをいつ見たかの記録が残り，その記録を検索して閲覧することができます。

(3) 掲示板・フォーラム

　インターネット上で一般的にもよく利用されている電子掲示板（BBS）ですが，LMSの機能の一部としても掲示板（フォーラム，ディスカッションとも呼ばれます）が備わっています。たとえば，「勉強したこと・疑問に思ったことについて，みんなで質問したり，話し合ってみましょう」のようなBBSを設定して，オンラインでの学習ではおろそかになりがちな教員と学習者，または学習者同士の意見交換や教え合いの場として利用してもらうようにすれば有効でしょう。学習者の書き込みに対して教員が評価点をつけることができるLMSもあり

ます。また，書き込みがあったときに，電子メールでその内容が転送されるように設定できる LMS もあり，議論の活性化に役立ちます。

(4) 課題ファイルを提出

ファイルをアップロードする形で，課題に対する解答を提出する機能です。電子メールの添付ファイルでレポート提出を行う等の方法に比べ，教員にとっては効率的にファイルを収集・管理でき，学習者にとっても自分の提出物が散逸せずに学習履歴として保存しておけるメリットがあります。

(5) その他

以上の機能も含め，LMS に一般に備わっている機能について，表 6-1 にまとめました。

表 6-1 LMS 一般に備わっている機能

機能名	機能の概要	学習者のメリット	教師のメリット
自動採点テスト（小テスト，アセスメント）	LMS 上のテストを受験し，LMS によって自動採点された結果が学習者に提示される。	受験して答案提出の直後に正誤や成績がわかり，間違った問題についてはヒントもでたりして，自習用としてテストに挑戦できる。	各学習者の答案や成績の履歴を見て，毎回授業で学習者がどれくらい理解できているかを把握できる。手動採点の問題を設置することも。
教材提供	教師が Web ページ言語や Web サーバーについての知識がなくても，簡単に教材ページが作成・公開できる。	いつでも閲覧できるので，授業で習ったことの復習ができる。	学生がどのページをいつ見たのかが記録に残り，把握できる。
掲示板（フォーラム，ディスカッション）	一般的にもよく利用されている電子掲示板（BBS）と同じだが，LMS にログインした後に使うので，どの書き込みがどのユーザのものかの対応がつけられる。書き込みがあったときに，電子メールでその内容が転送	他の学習者とのコミュニケーションや学びあいの場として，オンライン学習の孤立感，孤独感が緩和される。	おろそかになりがちな教員と学習者，または学習者同士の意見交換や教え合いの場として利用できる。学習者の書き込みに対して教員が評価点をつけるのが可能なことも。

	されるように設定できることも。		
課題ファイルを提出	学習者が，文書ファイルや画像ファイルなどを特定の領域にアップロードして教師に提出できる。	自分の提出物が散逸せずに学習活動の成果物として保存しておける。	通常の電子メール添付での課題ファイルの回収よりも効率的に実施できる。
チャット	掲示板とは違い，通常の会話のように同じ時間に学習者間での文字メッセージのやりとりができる。	掲示板と違い，話し合いや議論が短時間で進むため，時機を逸しない，ブレインストーミング的な学習活動ができる。	学習者のやりとりはすべて記録されるので，対面でのやりとりではできない分析も可能。
電子メール（メッセージ）	LMSに登録された人同士でLMS上でメッセージの交換ができる。通常の電子メールとの間でのメッセージの行き来ができる機能がある場合も。	個人情報である相手の電子メールアドレスを知らなくとも，受講している科目にいる学習者とのメッセージのやりとりが気軽にできる。	個人情報である学習者の電子メールアドレスを知らなくとも，メッセージを手軽に送ることができる。
アンケート	学習者に授業やコンテンツに対する意見を聞く。どの学習者がどの回答をしたかはわからない実施の仕方も可能。	電子的に匿名性が確保されるので，気軽に提出できる。	どの学習者が出したか，出していないかは記録が残る。
学習履歴	学習者が個々の学習リソース（教材ページ，テストなど）を見た日時，IPアドレスが記録され，検索して調べることができる。	（学習者には通常公開されない）	学習者の興味の方向性や活発さを測る指標として使うことができる。
表示制御	特定の条件（日時，テストの点数など）を満たした場合だけに教材ページの表示を行う機能。	学習の進め方について迷いを感じることなく学習できる。	学習者に学習の進め方を自然に示すことができる。
成績管理	LMS内外で行った学習活動に対する評点を記録し，集計して，それぞれの学習者に対する総合成績を算出する。	個々の学習リソースで行った活動についての評価を把握することができる。	学習が多数であっても，効率的，合理的に評点を付すことができる。

6.5 LMSに学習コンテンツを実装するときの留意点

(1) マクロデザインの観点からの留意点

　eラーニングを導入する目的（どのような問題点を解決・緩和したいのか）をはっきりさせたうえで，そのためにはLMSのどの機能をどのように用いるとよいかを考えてください。LMSの諸機能を利用した経験が乏しい場合は，主要な機能（自動採点テスト，教材提供，掲示板など）をとりあえず設置してみて，「プロトタイピング」や「試行」の段階でその効果を検討するのもよいでしょう。表6-2には，行いたい方策とLMSの機能との対応をまとめましたので参考にしてください。

　ひとつの科目・コースのeラーニング部分をLMS上に展開するためには，まずコースの作成・創設が必要です。通常は，LMS管理者に申請して新しいコースを作成してもらう必要があります。組織によっては開講予定の全科目について，LMS上に（中身が空の）コースが作成されていることもあり，その場合，科目担当者は申請不要で中身を作り始めることができます。中身を構築していくには，適切な分量，適切な内容の塊で区切ることが必要です。たとえば，物理学のコースであれば，「電流と磁場」「電磁波」のように関連のある内容ごとにひとつのまとまり（ブロック）にして，そのなかにLMSの機能に対応する部品を並べていくことになります。また，対面授業のスケジュールにあわせて15回分のまとまりとして表現するのも，コンスタントに学習を進める性格の学習者にとって使いやすいかもしれません。

(2) マイクロデザインの観点からの留意点

　単なるコンテンツ閲覧による学習だけではなく，双方向（インタラクション）要素をLMS上に設置するのはとても重要なことです。表6-1，表6-2なども参考にして，意図したインタラクションをLMS上に作ります。インタラクションを実現するLMS上の機能には，様々な設定項目がありますが，まずは既定値（デフォルト）の設定で試してみて，徐々にいろいろな設定を試すとよいでしょう。

表6-2 足場づくりの方策を実現するLMSの機能活用

足場づくりの方策	Webベースのコース管理ツール利用法
信頼感の醸成と開放的で友好的なコミュニティ	● コース開始にあたって掲示板に簡単な経歴をアップさせる ● 個人Web作成機能で互いに自己紹介をさせる
ギブアンドテイクの学習アプローチ	● コースで求められることについての疑問や心配事について掲示板でディスカッションをさせる
コーチング（問題解決活動・学習課題において）	● 電子メールを使って1対1のメンタリングを提供する ● 進捗管理ツールで進捗状況についてフィードバックする ● 掲示板やチャット機能でグループ活動を支援し，グループ単位でのコーチングを提供する ● タイムリーなフィードバックを与えるために，構想段階や執筆中の作品をプレゼンテーション領域にアップロードさせる，あるいは，電子メール添付ファイルで送らせる ● プレゼンテーション領域にアップロードされた未完成の作品に対して，受講者相互にコメントをつけさせる
思考の外化モデリング	● ホワイトボード機能を使って，同期的に思考過程を演示する，あるいは，掲示板で非同期に演示する
シナリオや事例の提供（多視点・分析的思考）	● 教材提示の一部として，学習内容をより深く理解するために参考になるシナリオや事例を提供する
課題遂行の手順ガイド	●「学習者へのヒント」ツールを利用して，課題をやるうえでのヒントやアドバイスを提供する
批判的思考を促す課題やリソースの提供	● 批判的思考の援助となるサイトにリンクを張る ●「検索」ツールを使って学習者に情報を探させる ● 重要語句や概念についての索引や用語集を提供する
相互作用・協同の促進	● 学習者相互（1対1）や対教師，あるいは対全受講者のやりとりを，チャットや電子メール，掲示板で促す ● ホワイトボード機能やプレゼンテーション領域を活用して，知識やアイディアを出し合う
ブレーンストーミングによる解決策の模索	● 問題解決学習のプロセスで，ディスカッションや知識の適用，協同作業などを促進するために，チャット・ホワイトボード・検索・情報リソース・プレゼンテーションなどの諸機能を活用させる

注：Dabbagh 2003の表1 (p.41) を訳出した。オリジナルはWebCTの諸機能に特化して書かれていたが，他のLMSにも適用できるように一般的名称を用いた。

ナビゲーションの方法，つまり，ある学習コンテンツ・学習リソースから，次の（または別の）学習コンテンツ・学習リソースへの移動の仕方は，学習者に明

示しておく必要があります（初めて，そのLMSを使う学習者には，そういう基本的なこともわからないことが多く，学習の妨げに成り得ます）。たとえば，Moodleの場合，トップのページから各々の学習リソースに移動すると，右上にナビゲーションバーが表示され，「前へ（＜）」「次へ（＞）」のボタンか，学習リソース名をドロップダウンリストから選ぶことで，学習活動を進めることができます（図6-3参照）。

　教材の選択，構造化，作成，編集を行う際には，LMSの機能を最大限に活かすのが良いでしょう。教材提供はLMSの機能の主な機能のひとつであり，教材の作成や編集は簡単に行えるようになっています。いったん配置した個々のページ，ブロックの順番や包含関係（どのページがどのブロックに含まれるか）の変更も自由に行えます。そのため，案を作ったらまずは作成・配置してみて，その後，教材としての効果を評価ながら変更して改善する方法をとることができます。

　メディア要素（動画データ，音声データなど）を教材の一部として用いるときの提供の仕方として，ダウンロード方法（通常のようにファイルとして置いて直接ダウンロードさせるようにする）と，ストリーミング方式（動画や音声のデー

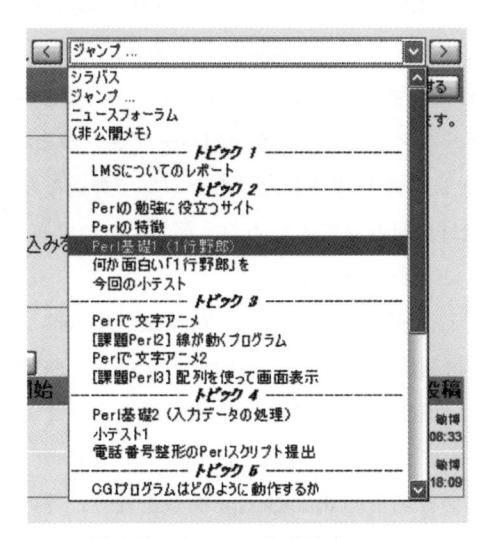

図6-3　Moodleのナビゲーション

タが少しずつ送信され，受信側で逐次再生される）とがあります。ダウンロード方式では手軽にLMSと同じサーバーに設置できますが，ストリーミング方式では，通常は別のサーバーをストリーミングサーバーとして用い，リソースのデータはストリーミングサーバーに設置したうえで，LMS上のコンテンツからリンクを張ることになります。提供するデータが大きい（再生に長時間かかる）場合は，LMSだけの機能では難しいので，ストリーミング方式を採用することになります。

(3) SCORM準拠のコンテンツにするか

SCORM（Sharable Content Object Reference Model）は，eラーニングコンテンツに関する国際標準規格です。アメリカ合衆国のADL（Advanced Distributed Learning Initiative）が策定しており，日本でも，NPO法人日本イーラーニングコンソシアムが日本語版ドキュメントの公開や研修会を行うなど，普及促進が行われています。SCORM 2004という規格が最新版です。

種々のLMS（たとえば，WebCT，Moodle，WebClassなど）上で作成した教材コンテンツは，そのLMSに固有のファイル構成や機能を利用しているため，他のLMSでその教材コンテンツを利用したい場合，そのままでは利用できず，人手を使った移行作業が多くの場合に必要です。一方で，SCORMに準拠したコンテンツは，eラーニングシステムやそのバージョンが変わっても，基本的には書き直す必要がなく，一度作成されたコンテンツで秀逸なものは，教材パッケージあるいは所望の教材を組み立てるための「部品」として様々な授業等で再利用して何度も活用することができます。

SCORMの規格では，SCO（Sharable Content Object）と呼ばれる単位でコンテンツをまとめ，再利用可能な学習資料としています。SCOに関してSCORMの規格が定めるのは，SCOとLMSとが情報をやりとりするインターフェースの部分です。具体的には，たとえばLMSに点数等のデータを送るときはLMSSetValue( )という名前のJavaScript関数を使う，等のことがSCORMの規格で定められています。

SCORM に準拠してコンテンツを作成するのは少し手間がかかります。プロトタイピングのときや自前でコンテンツを作成するときにはそれほど一般的な方法とはいえません。その反面，作成するときに汎用性・再利用性を意識せざるを得なくなり，汎用性・再利用性の高いコンテンツに仕上がる効果があります。また，多くの LMS でサポートされているので，一度作っておけば LMS ごとに変換したり作り直したりする手間がなくてすむメリットも大きいです。SCORM を出力できるオーサリングツールが普及すれば SCORM の普及もより進むのではないかと思われます。ただし，SCORM が対象とするのは，基本的に自学自習コンテンツであり，課題ファイルをアップロードして提出したり，掲示板を作って議論しあったり，というような機能は SCORM の範囲外となります。

第 7 章

日本でのブレンド型 e ラーニング実践事例

> He is wise who knows the sources of knowledge
> – who knows who has written and where it is to be found.
> —— A. A. Hodge

　実際に ID モデルは授業実践にどのように利用されているのでしょうか。いくつかの事例を紹介しましょう。OPTIMAL モデルはブレンド型の授業をデザインする際に参考になるように作られたものです。これまで行われてきた対面授業と e ラーニングを組み合わせた実践にはどのようなものがあるのでしょうか。この章では，ブレンド型 e ラーニングのイメージを豊かにするために，小学校，大学，教師教育における日本の事例を紹介します。

7.1　教育番組と連動した「おこめ」の総合学習

　最近では小学校にもパソコン教室が置かれ，e ラーニングを実践する教員も増えてきました。とくに「総合的な学習の時間」では，児童の自主的な学習を進めようと調べ学習を中心としたパソコン利用が進んできました。NHK はこれまで

質の高い教育番組を放送してきましたが，インターネットと教育番組を組み合わせた新しいeラーニング教材を開発し，総合学習などで利用してもらおうとしています。教育番組を軸として，教室での総合学習，野外での調査，調べ学習，そしてインターネットを使った交流学習などブレンド型のeラーニングを提供しています（水越 2002）。そのなかから，「おこめ」を紹介します。

(1) マクロデザイン

2002年度から「総合的な学習の時間」が始まるのを受けて，NHKは2000年から「おこめ」の総合学習のeラーニング教材開発の準備を進めてきました。総合学習に適切なテーマは何か，どのような題材を取り上げると学校が関心を持って取り組むだろうか。こうした問題設定から始まり，日本人の食を考えたときに一番身近な米をテーマにして総合学習をデザインするのが良いだろうという結論になりました。

米というテーマは，総合学習で取り入れるのにいろいろな利点があります。米は日本人の主食であり，稲作をしていない地域でも米を食べないということはありません。米は理科や社会の教材として扱われていますし，学校に田んぼを作ったり，バケツの中で栽培したりしている学校も数多くあります。

総合学習で扱う課題として，「国際理解」「情報」「環境」「福祉・健康」という大きなくくりがありますが，そうした課題の導入としても最適です。たとえば，米は世界中で栽培されていますので，アメリカやアジアの米作りを学ぶことで，他国の理解につなげて国際理解に関して学習することができます。また，稲作文化が日本の自然環境を守ってきたこと，有機農業の方法や棚田の役割など環境に関する学習にもつながります。

NHKはプロトタイプを作成し，大学教員，現場教員にチェックをしてもらい，その意見を反映してeラーニング教材を作成しました。また，この教材を公開したあとも全国から意見を聴取し，それを次年度へ向けての改善に役立てています。

このようなeラーニング教材をうまく活用することで，教員は自分の学校のある地域に即した総合学習をデザインすることができます。

(2) マイクロデザイン

「おこめ」学習では，1本15分の番組を1年間に20本放送しています。1年間のカリキュラムは，実際に稲作を行う流れに沿い，学校での稲作体験にあわせて学習が進むように作られています。Webサイトで提供されているeラーニング教材は大きく4つのジャンルに分けられています（http://www.nhk.or.jp/school/okome/ja/frame.html）。

① 「ばんぐみ」

「ばんぐみ」をクリックすると，全20回の「おこめ」のテレビ番組を見ることができます。放送ではそのたびに録画をしなければいけませんでしたが，すでに放送された番組がネット上ではいつでも，何度でも見ることができます。これまで教員は放送番組に授業の進度を合わせてきましたが，eラーニングを活用することでこうした煩わしさがなくなります。

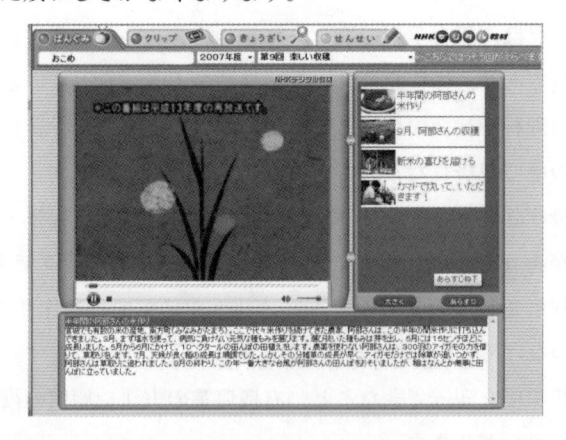

② 「クリップ」

「クリップ」には2〜3分に編集した映像が200本以上置かれています。番組を視聴した後，さらに詳しいことを知りたい場合，子どもの興味関心に沿ったビデオクリップを視聴できるようになっています。教員は地域の事情に合わせて作った自分の授業案に合った映像を子どもに視聴させることもできます。

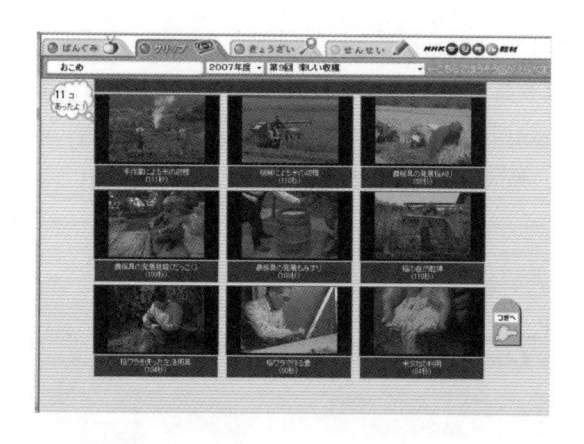

③ 「きょうざい」

「きょうざい」には授業で利用できる様々な教材が用意されています。「資料集：調べてみよう」では，米に関する用語集や関連のサイトへのリンクが用意されています。「みんなの質問」には，米に関する様々な質問とその答えがあります。「アベさん日記」には稲作農業を営んでいるアベさんの田んぼの様子が日記として記されています。さらに「ゲーム集」や「タンボ物語」などが用意され，教員や児童が自分の興味関心に合わせて自由に活用できるものになっています。

7.1 教育番組と連動した「おこめ」の総合学習

④ 「せんせい」

「せんせい」は教員専用のページです。1年間のモデルカリキュラム，ワークシート，教材などが用意され，初めて「おこめ」の総合学習に取り組もうとする教員に対しても，地域の状況に合わせたカリキュラムが作れるように支援しています。

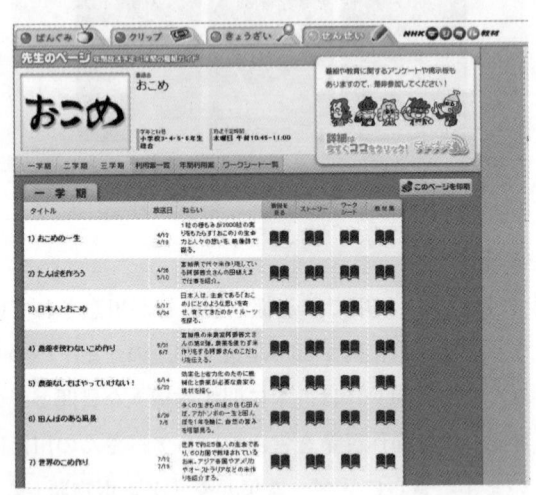

このように NHK の学校放送「おこめ」では，番組だけでなく，インターネットを組み合わせた教材が用意されているので，教員にとって授業設計がしやすくなっています。このほかにも「おこめ」をテーマに，離れた地域の学校同士がインターネット上の掲示板を使ったり，テレビ会議システムを活用して，交流をしたりしています。都会の小学校と農村部の小学校での交流では，「農薬の必要性」に関するディベートをしたり，東京と岡山の小学校では，共同で米について自分たちが調べた内容をまとめた本の執筆をしたりした活動の事例があります。

7.2 大学におけるeラーニング実践
——大教室で行う講義

次に，大学のeラーニングの実践事例として，筆者（久保田）の授業を紹介しましょう（岡野・久保田 2006）。日本ではeラーニングだけで単位を与える講座を持っている大学はまだあまり多くありません。eラーニングは対面で行われる授業を補完する形で活用される場合が一般的です。対面型授業とeラーニングの組み合わせはブレンド型と呼ばれますが，この授業では 10 年前からeラーニングを授業の補完として活用し，ブレンド型の学習を行っています。毎年，学生から授業に対するフィードバックを受け取り，翌年度に向けての授業改善に活かしています（形成的評価）。

通常，大学では週1回の 90 分の授業が1学期中に 13〜15 回あります。この対面型授業の予習や復習のためにeラーニングが使われます。たとえば，授業の振り返り，学生同士の議論，教員への質問，課題の提出，自分の学習結果をまとめたポートフォリオの作成などです。これまでの大学における講義のイメージは，大教室で教員からの講義を多人数の学生が一斉に受講するというスタイルだと思います。知識を持っている教員がその知識を多数の学生を前にかみ砕いて説明し，学生はその説明をノートに書き写すわけです。この授業スタイルは現在でも多くの大学で行っており，知識を伝達する方法として効果的で効率的な教授方法のひとつだといえましょう。しかし，問題点もあります。第1に，講義形式の授業は学生の高いモチベーションを前提にしていますが，大学全入時代では学習意欲の低い学生も大学に来るようになりました。授業に興味・関心を示さない学生に一方的に教員が話をしても，効果は期待できません。第2に，学期の終わりに学習成果を確認するテストを実施しますが，その結果だけで普段の授業にどの程度の効果があったかを確認するのは難しいことです。このような問題点を解決するためにeラーニングと対面授業を組み合わせた実践を始めました。

(1) マクロデザイン

マクロデザインでは，eラーニングを導入するにあたって授業をどう変更するかカリキュラムや教育方法の大枠を決めます。紹介する事例は，学部2年生以上を対象とした「AVメディア制作論」です。映像制作実習に取り組むため，実践的な映像メディア制作に関する技能と，映像メディア制作についての考え方や理論について学ぶ科目です。毎学期200人から300人の学生が履修しています。

① タスク1：目標分析

「AVメディア制作論」の大きな目標は，「映像メディアの作り方について学ぶ」ことです。しかし，学生はまだ映像メディアに関しての十分な知識を持っていませんし，実際に映像メディアを制作した経験もありません。これまでの受身的なオーディエンス（受け手）の立場から見方を変えて，実際に映像メディアを制作する送り手側の立場で映像メディアについて考える力をつけることを目指しています。

具体的に言うと，この授業では，映像メディア制作をする人の視点から映像を分析し，制作するための様々な手法を学びます。とくに，「受け手」の立場から離れ，「送り手」として映像メディアを捉え，送り手としてのメディア・リテラシーを育成することを目指しています。そこで授業では，まず「送り手」としての心構えや責任について学ぶことから始め，「受け手」の立場からの転換を目指します。次に，映像メディアの基本的な制作プロセスを学ぶとともに，カメラワークと編集の方法，報道とドキュメンタリーなどについて学習し，メディア制作に関して批判的に思考する力を身につけます。

このような力を身につけるには，学生自身が，メディアに関わる様々な問題を自らが解決しなくてはならないものと捉え，その解決に向けて思考する力が求められます。ですから，大教室における一方的な講義では学習効果を上げるのは難しいといえるでしょう。教員による学生への一方的な知識伝達ではなく，学生自らが意見を出し，その意見に対して他の学生や教員からコメントをもらい，さらにそのコメントに対して意見を深めていくというプロセスが不可欠です。こうし

た点を補い,学生同士のコミュニケーションを促すという意味でeラーニングは,有効なツールといえるでしょう。

たとえば200人以上の学生を対象に,参加型の学習方法を取り入れるにはどうしたらよいでしょうか。次のように考えました。

ア）対面の授業において学生が個人,またはグループで思考する場を設定します。

イ）意欲の高い学生が意見を発表できる場を設けます。

ウ）LMSの掲示板（フォーラム）を使い,全員が意見を書き込めるようにします。

エ）授業での議論をWeb上で継続し,さらに次の授業で取り上げます。

このような場面を設定することで,学生相互のディスカッションを活発化しようとしました。

② タスク2：プロトタイピング

普段忙しい大学教員にとって,プロトタイプを作り,テストを繰り返して教材を改善することは難しいでしょう。それでも,簡単なプロトタイプを作成し,数人の学生に利用してもらいコメントしてもらうことはできます。また,実際の授業で少し活用してみて,学生の反応を見ることもできます。そういうプロセスを通じて少しずつ改善を加えていけば,教材はとても使いやすいものになっていきます。

この授業では,短編映画とドキュメンタリーの制作に関する教材を作成しました。動画,静止画,図,テキストを組み合わせた自学自習用の教材です。プロトタイプを完成させた後,何人かの学生に利用してもらい,その使い勝手をフィードバックしてもらい改善に結びつけました。

この授業は10年以上続けています。コースの大枠はできあがっていますので,新しい教材を少しずつ作り,付け加えています。また古い教材は臨場感がなくなっていきますので,新しい教材に置き換えています。

③ タスク3：試行

　私の授業では，授業中にマイクを回して学生の発言を取り上げ，それを元にディスカッションをしたりしますが，200人以上の学生が参加するクラスで自由に学生が発言するのは簡単ではありません。学生はこれまで自分の意見を発表するような授業を受けた経験がほとんどなく，マイクが回ってきても緊張してうまく発言できないからです。単にマイクを回すだけでなく，授業中に自分の意見を発表できるような方略を立てることは重要です。

　そこでこの問題を解決するために，LMS上にフォーラムを用意して，授業中に十分に議論できなかったことをフォーラム上で自由に議論をすることを促しています。LMSを導入して，フォーラムに意見を載せやすいようにし，授業が始まる前に数名の学生に何度か試してもらいます。その結果をもとに修正を加え，さらに授業が始まったら，学生の反応を見ながら修正をします。事前にLMSを試してみても，完璧なものはつくれないでしょう。とくに，新しいLMSを導入するときは，まだ教員自身で使い慣れていないこともあり，多少のトラブルは覚悟しなければならないと思います。

(2) マイクロデザイン

　マクロデザインで大枠を決めた後，どのような教材をどう活用するか，各授業の中身のデザインをします。

① タスク5：双方向性のデザイン

　2名の学生がアシスタントとして実習の補助をします。この実習を受講したことのある学生をアシスタントとして採用するので，授業のやり方を理解しており，スムーズに授業運営を支援してもらえます。アシスタントの役割は，表7-1の4点にまとめることができます。

表 7-1　アシスタントの役割

① 授業で使う映像素材の選定・録画
　映像素材を使う場合は，その選定や録画などに労力がかかります。また，教員は学生が映像についてどのような興味関心を持っているか把握できませんので，学生が興味を示す題材を選ぶのは難しいでしょう。そこで，学生アシスタントと意見交換をし，若者の間で話題になっている映像を選択します。それを授業で視聴することで学生の関心も高まります。

② 掲示板上でのモデレーター
　学生は，毎週少なくとも 1 回は LMS 上のフォーラムに授業の感想や意見を投稿しなければいけません。アシスタントには，フォーラムでのモデレーターとして，議論を整理し，学生に「気づき」を促す意見を投稿してもらいます。

③ フォーラムへの書き込みの紹介・説明
　授業のはじめに，学生アシスタントはフォーラムに投稿された興味深い意見を取り上げ，議論をまとめて，紹介します。クラス全体に向けて，フォーラムにあがってきた多様な意見を提示することは，前の授業で学んだ内容の復習にもなります。

④ ディスカッションやグループ作業の支援
　授業中は，課題作成のためのグループ内のディスカッションや作業の支援を行います。ティームティーチングならではのきめ細かな支援をすることができます。

② タスク 6：メディア要素のデザイン

　画像，動画をサーバーに保存するので，大容量のサーバーが必要になります。全体の容量は，現在 2 GB ありますが，動画も精選してサーバーに保存しなければなりません。保存するときにファイルの大きさを確認し，規定の容量を超えてしまわないようにすることが大切です。また，ブロードバンドの環境で活用することを前提に画像も鮮明なものを用意しました。

(3) タスク 7：LMS による統合

　図 7-1 は授業と LMS の関係を示したものです。授業で議論した内容や，議論しきれなかった内容，またはそれぞれが抱いた感想などを LMS 上のフォーラムに学生が振り返りとして投稿します。学生が投稿した質問，意見に対して他の学生が答えたり，コメントを加えたりします。掲示板に投稿された感想や意見は，授業の冒頭で取り上げ，学生アシスタントや教員からのコメントを補足します。掲示板の記述は時系列に蓄積されるので，過去の書き込みを閲覧し，振り返ることで自己の変化を確認することもできます。また自分の投稿回数は，LMS に表

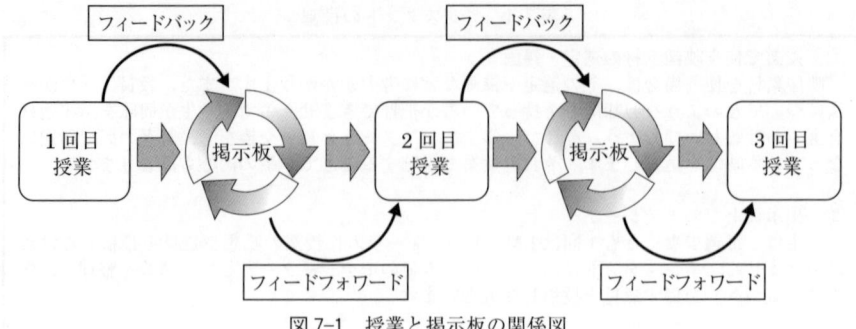

図7-1　授業と掲示板の関係図

示されるので，自分の発言回数が全体のなかでどのくらいか確認できるようになっています。

7.3　大学におけるeラーニング実践
——少人数の映像制作実習

　次に，大学における少人数クラスでのeラーニング導入の例を紹介します。情報リテラシーの科目は，ほとんどの大学で実施されています。実際にコンピュータを使って作品を作るプロセスを学ぶことで，情報に関する基礎的な知識やスキルを身につけることを目的とします。ここで紹介する事例は，外国語大学の3年生以上を対象にした映像制作の実習です（岩崎ら 2008）。

(1)　マクロデザイン
　①　タスク1：目標分析
　この実習では，一連の映像制作プロセスを体験し，実際に映像作品を制作することで，撮影機材の操作方法，映像制作に必要なソフトの操作方法を習得することを目指します。学生は外国語を専攻しており，教員になりたいという学生が多いため，テーマのひとつを「小学生向けの英語教材制作」としました。
　学生のなかには教職課程を履修している学生がいるため，メディア教材を授業

にどう利用したらよいかということは学んでいますが，映像や教材などの一連の制作プロセスをこれまで学んだ学生はいません。映像制作や教材作成に関する予備知識はほとんど持っていないといえるでしょう。また，コンピュータの操作スキルに関しては，1年次にコンピュータの基礎演習を履修していますので，基本的な操作スキルは持っています。また一部の学生は「ホームページ作成実習」という科目を履修しています。しかし，映像制作に関わるスキル，たとえばビデオカメラや動画編集用のソフトの操作経験はありません。

学生は全学的に導入されているLMSを利用して履修確認などを行っていますから，LMSの操作スキルはありますが，フォーラムを使った討論などは経験していません。学生はLMSの操作に関して不安を感じていませんが，フォーラムなどで自分の意見を積極的に述べることに関しては初めての経験なので不安があると考えてよいでしょう。

学生はこれまで英語教材を企画するような機会がなく，どういった英語教材が望まれているのかについての知識も十分ではありません。そのため，小学校に勤める現職の教員に協力してもらい，学生が作った英語教材の企画，映像作品の中間報告，映像作品の最終完成品にそれぞれコメントをお願いし，意見交換をすることにしました。学生は，完成させた教材を実際に小学校で活用してもらうという前提で，教材を制作します。実際に利用する場面を用意することで，教材制作を単に実習の単位をもらうためという意識から，実際に小学生が学ぶための教材作りをするのだという意識に変容させるようにします。こうすることで，構成主義的な視点から，学生のモチベーションが高めることをねらいます。また現在，日本における小学校向けの英語教材は少ないため，良い教材ができれば小学校の教員に実際に授業で使ってもらえると思います。そこで，この実習の目標を「動画編集ソフト（Premiere）を使った小学校の英語教材を作成する」ことに設定しました。

② タスク2：プロトタイピング

実習を行うにあたって，eラーニングのプロトタイプをまず作成しました。ま

ず，LMSを使って，「動画教材を活用する」ことと「授業資料を配布する」ことができるようにしました。映像制作の技法や表現を学ぶ教材には，他大学が作成した教材へリンクを張り，自ら教材を作る労力を省くことができました。資料配信は，LMSの機能として組み込まれているので簡単にできます。

　現職教員と学生とのやりとりは，フォーラム機能を使って行います。フォーラムは，意見交換のプロセスが残りますから，あとで振り返りがしやすいと考えました。しかし，フォーラムを頻繁に見ないと返信が遅れてしまいますから，フォーラムへの意見投稿を電子メールで受け取れるようにしたいと考えました。また，学生同士は実習で初めて顔をあわせるという状況で，小学校教員とも面識がないため，互いに親しみを持たせるため，自己紹介文や顔写真などを提示できるシステムを導入したいと考えました。この大学ではすでにSNS（ソーシャル・ネットワーク・サービス）が導入されており，そのシステムを使うことで，当初考えていた機能をすべて活用できることがわかりました。そこで，LMSからリンクを張ることでSNSを円滑に利用することができるようにしました。

　つまり，大学のLMSを活用して授業資料を提供し，そのLMSにリンクを張る形で映像制作の技術や表現について学ぶeラーニング教材やSNSにアクセスできる環境を作りました。

　③　タスク3：試行

　プロトタイプを作成した後，同じ実習を担当する教員に意見を求め，修正をしました。また，数人の学生に実際に使ってもらい意見を求めました。

(2)　マイクロデザイン

　①　タスク4：双方向性のデザイン

　教室での実習は週に1回ですが，授業時間外に学生がパソコンから自由に意見交換をする環境としてフォーラムを用意しています。このフォーラムは，授業時間外に学生同士がやりとりするため，また教員が学生の活動状況を把握するため，そして学生が小学校教員とやりとりするために設置しました。このフォーラムを

主要なコミュニケーションのツールとして活用しました．実習における課題は，英語教材の制作です．その企画を立てる段階，制作の中間報告時，そして完成時の合計3回，学生は小学校の現職教員とフォーラムを使って意見交換をします．

② タスク5：教材のデザイン

新しく教材制作は行わずに，他大学が提供している既存の教材を活用しました．教材は2つの用途で利用しました．1つは，教員がカメラワークなどの撮影技術と映像表現について説明する教材として利用しました．もう1つは，学生が動画編集ソフトの操作方法を学ぶための個別学習の教材として活用しました．学生は操作方法に個人差があるため，個別で学習を進めることでその進度にあった指導ができるようになりました．

③ タスク6：メディア要素のデザイン

映像技法や表現についてのeラーニング教材はメディア制作の手順，考え方を紹介するために活用しましたが，前述したように，既存のeラーニング教材を利用したのでデザイン的な面での工夫はとくにありません．学生の教材を小学校教員や他の学生に見てもらい，コメントをもらうために，SNSに作品をアップします．

この事例は，既存のコンテンツを組み合わせて利用していますので，リンクの張られたコンテンツを活用すること，また学生間のコミュニケーションを促し，活発な意見交換ができるようにデザインすることがポイントになります．現職教員との連携などはおもしろい方法であるといえるでしょう．

(3) タスク7：LMSによる統合

コンテンツは，LMSをベースにして，SNSや動画教材にリンクを張りました．Web上にある映像制作に役立つと考えられるサイトにもリンクを張っています．独自で教材を開発するのではなく，既存の教材を見つけそれをLMSにつなげることで教材制作の労力が節約できます．実習では，学生同士のコミュニケーショ

ンや小学校教員と学生とのコミュニケーションをモニタリングしたり，小学校教員が学生とのコミュニケーションを円滑にとるために，教員からの質問に対応したり，授業での様子を教員に伝えたりすることに重点をおきました。

7.4 教員研修におけるeラーニング実践

最後に，教員研修におけるeラーニング活用の事例を紹介します。初等，中等教育では「総合的な学習の時間」が創設され，学校を基盤とするカリキュラム開発を充実することが求められています。しかし，教員にはカリキュラムの開発経験がなく，新しいリーダーが必要となっています。このeラーニング実践は，学校を基盤とするカリキュラムを開発するためのリーダー育成を目指したものです（木原ら 2005）。

(1) マクロデザイン
① タスク1：目標分析

これまでの研究によると，学校を基盤としたカリキュラムを開発するには，学校内の教員が協働して意志決定をすることが大切だとされています。この意志決定には，問題の共有，葛藤，妥協，そして問題解決という複雑なプロセスが含まれます。リーダーにはこのプロセスのなかで共同して意志決定をするための調整者としての役割を求められます。

リーダーがこのプロセスのなかで調整をうまく行うには，①カリキュラム開発に関わる多様な，そして相互に関連する知識と，②様々なイベントやスケジュール・役割分担などを調整・維持するためのコーディネーション方策，の2つの資質が求められます。地域の教育センターは，リーダー養成の研修を開催し，カリキュラム開発に関する理論を提供したり，実践情報を交換したりしていますが，その機会は限られています。

そこで，研修をeラーニングで行い，その効果を試してみることにしました。eラーニングでは，参加した教員同士が意見や情報を密に交換できる環境を用意す

ることができ，豊富な経験を持った教員から学ぶことができるからです。経験の豊富な教員は全国に散在していますので，互いの経験を学びあう環境はeラーニングが適切であると考えました。eラーニングの目的は，前述した必要な資質のうち「多様な，そして相互に関連する知識の獲得」としました。

② タスク2：プロトタイピング

eラーニングのプロトタイプを作成し，図7-2に示すようにプレゼンテーションとディスカッションの2つのモードを用意しました。まず，メーリングリストや電子掲示板を活用して，課題提示からレポート提出までを行います。レポートの発表はプレゼンテーションモードを使用し，議論を行うときにはディスカッションモードを使います。

③ タスク3：試行

10年以上の教職経験のある全国のリーダー的な役割を担う小学校教員8名が，eラーニングに参加しました。そして，学校を基盤としたカリキュラム開発の実績のある2人（附属小学校教諭と指導主事）にeラーニングのファシリテーターとして参加してもらい，インタラクションを促進する役割を担ってもらいました。

(2) マイクロデザイン

① タスク4：双方向性のデザイン

2人のファシリテーターは，次のような役割を担います。
- 課題の解釈および資料収集のガイド
- 電子掲示板やテレビ会議での相互評価のモデレーション
- レポートや掲示板での意見やテレビ会議での発言に対する批判的コメントの記入

ファシリテーターは，参加者と直接やりとりする役割を担います。また，ファシリテーターは，レポート評価の観点と規準をもとに批判的にコメントをします。ファリシテーターのコメントは，電子会議室，対面，テレビ会議などで現職教員

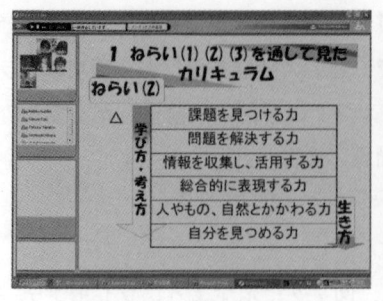

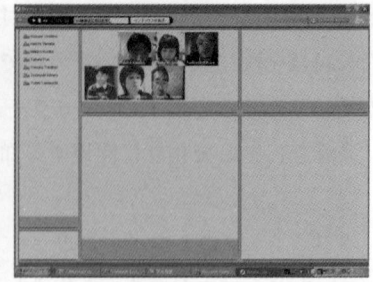

プレゼンテーションモード　　　　ディスカッションモード
図7-2　eラーニングの2つのモード

に直接提示されます。

② タスク5：教材のデザイン

カリキュラムは，3つの課題により構成され，1つの課題をこなすのに約2か月かけました。
- 第1課題　　事例を提示し，総合的な学習プランについて，その長短所を整理します。
- 第2課題　　所属校の総合的な学習のカリキュラムの特徴をグループ内でプレゼンテーションします。
- 第3課題　　事例にあるT小学校のカリキュラム開発の記録を読んで，その問題点を克服するためのアクションプラン（行動計画）を策定します。

③ タスク6：メディア要素のデザイン

カリキュラムは課題に基づいて，レポートや電子掲示板での意見交換を行ったため，静止画や動画はとくに使いませんでした。また，遠隔でテレビ会議システムを使って定期的にディスカッションをしましたが，あまり議論の盛り上がりが見られませんでした。

(3) タスク7：LMS への統合

　参加者は，eラーニングで研修を開始します。まず課題が与えられ，その課題に関しての意見を交換し，相互評価を行うところまで電子会議室でディスカッションを行います。ファシリテーターはそのディスカッションに参加して，議論を深める支援をします。また，メーリングリストは連絡用に使います。最終レポートとしては，集合研修またはテレビ会議システムにおいて，参加者がプレゼンテーションを行います（図7-3）。

　この実践は，まだ本格的な実施に至っていません。プロトタイプを作成し，試行している段階です。このeラーニングは課題中心で行うので，ファシリテーターが重要な役割を担います。今後，規模を拡大していくとすると，質の高いファシリテーターをどう確保するかが重要な要素になってくるでしょう。

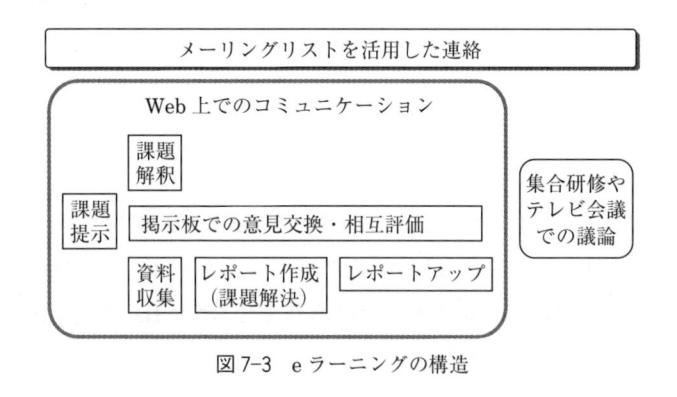

図7-3　eラーニングの構造

第8章

海外でのeラーニング実践事例

> We owe almost all our knowledge not to those who have agreed,
> but to those who have differed.
> ── Charles Caleb Colton

　海外でのeラーニング実践には，どのようなIDモデルが使われ，具体的にどういった学習方法が取り入れられているのでしょうか。この章で紹介する事例は，OPTIMALモデルに沿っているわけではありませんが，IDの視点から3つの事例を紹介していきます。

8.1　医学教育のeラーニング「SimTiki」（アメリカ）

　SimTiki（シムティキ）とは，ハワイ大学のシミュレーション医学教育センターの名称です。医療従事者は生身の人間を相手にしているのでミスが許されませんが，はじめは誰でも初心者です。しかし，初心者でもミスをしないで医療を施すため，実際に患者を相手にする前に，十分な研修が求められています。SimTikiでは，人形を相手に練習を行う研修プログラムが研究・実践されてきました。こ

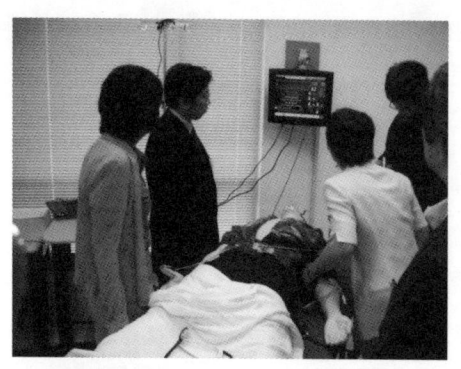

図8-1 患者シミュレータを用いた実習
（提供：SimClub, http://www.simclub.jp/）

の研修に使われるのが，図8-1に示すような患者シミュレータ（人形）です。人工呼吸のトレーニングなどで見かける人形と同じようなものですが，これには様々な仕掛けがあります。

　患者シミュレータには，血圧や脈拍などのデータを示すディスプレイが付属しています。病状に応じて適切な措置が素早く行われないと，状態が悪化します。逆に，適切な措置が行われると，状態が向上します。この様子をデータで確認でき，措置が適切であったことがわかるような仕組みになっています。実は，患者シミュレータの裏には，半面鏡（裏からは見えるが表からは見えない仕切り）の向こうに医師が控えています。医療チームの行動を観察し，措置が適切でない場合には患者シミュレータの中に仕掛けられたスピーカーから「うー苦しいー」というような，患者の声を真似して聞かせて，臨場感を高めます。訓練を受ける医療従事者は，患者のデータを見ながら，病状を読み取りながら，患者シミュレータを動かして，気道を確保したり，注射を打ったり，姿勢を変えたり，様々な措置を試みます。チーム全体で措置を分担し，いかにスムーズに危機を乗り切るかを考え，すぐに行動に移します。メンバーには基礎的な知識と瞬時の判断力が求められます。

　図8-2は，SimTikiで用いられているeラーニングの画面です。シミュレーショ

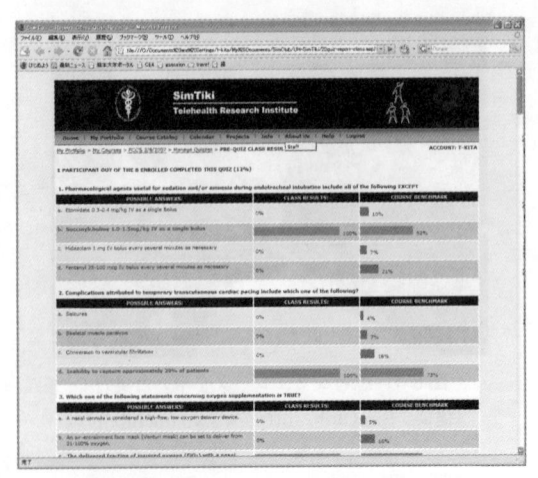

図 8-2　SimTiki のクイズ回答状況を示す画面
（提供：SimClub，http://www.simclub.jp/）

ン実習に臨む前に，簡単な多肢選択式テストに答えることで必要な基礎知識を自己確認することができます。合格点になるまで何度も挑戦し，いざというときに活用できるように準備をしておくことが期待されています。一方で，指導にあたる教員は，学習者ごとの傾向や習熟度レベルを確認できます。もし患者シミュレータを前にうまく措置できなかった場合に，その原因がメンバーの基礎知識が不足していたことにあるのか，それとも知識はあるのに緊迫した状況で正しい判断ができなかったのかを見分けることができます。

　この授業実践では，eラーニングは個別学習として用いられ，シミュレーション実習は仕上げのグループ学習として位置づけられています。患者シミュレータは高価な装置ですから，それを使った実習はそう頻繁にはできません。シミュレーション実習に入る前に，メンバーそれぞれの基礎学習が修了しているかどうかを確認し，高価な装置を用いた実習の効果を最大限に高めるために，eラーニングが活用されています。eラーニングと対面実習を効果的に組み合わせた事例だといえるでしょう。

8.2 オープンユニバーシティのeラーニング実践（イギリス）

イギリスにあるオープンユニバーシティ（OU：http://www.open.ac.uk/）は，15万人の学部生と3万人の大学院生を抱え，12領域で合計580以上の科目が学べる巨大な大学です。学生の7割がフルタイムで働いており，5万人が企業の支援を受けて学んでいます。OUはeラーニングという言葉が使われるよりずっと前の1960年代に構想され，1971年1月に開学されて以来，イギリスはもとより全世界に住む学生に学習の機会を提供し続けています。イギリス以外に住んでいる在学生は2万5千人にも達しています。

最初の頃は，郵便でテキストや教材セットを送り，自宅で学習した成果はまた郵便で大学に送られ添削指導を受けるという形（いわゆる通信教育）でしたが，最近ではその延長線上に，インターネット技術を使ったオンライン大学へと進化を遂げています。教材は様々な形で届けられます。どのコースにも印刷教材は必ず用意されていて，書籍，カセットテープ，ビデオテープ，テレビ番組，CD-ROM，Web，家庭用実験キットなどが必要に応じて組み合わされて提供されています。Webでも，講義資料，クイズ，ブログ，Wikiなど，様々な学習ツールが提供され，学習者中心のコース展開で，学習者個々人に合った形で多様な選択肢を提供しています（図8-3参照）。

OUの方針は，「誰に対しても開かれ，教材やソースも公開」という「オープンな大学」をつくるということであり，18歳以上であれば誰でも入学することができます。また，数千時間分の教材が一般に公開されています。最近では，学習管理システム（LMS）にオープンソースのMoodleを一部に採用したということがニュースとして取り上げられました。学習者のOUに対する満足度は高く，2006年8月に行われた調査では，OUの学生満足度は5ポイント中4.5を達成し，参加したイギリスの129大学のなかで首位の座を獲得しました。

OUでの教授法としては，一方向的に教員が教える「従来型教授法」より，学生同士がオンラインでコミュニケーションしながら学習する「協調学習方式」が

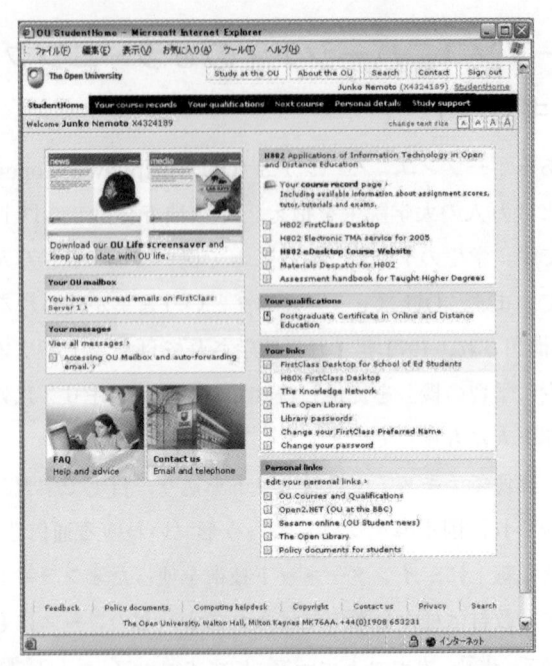

図8-3　オープンユニバーシティ学生用Webサイト（根本 2005）

多く取り入れられています。また，オンラインでの協調学習を支えるチューターの存在も大きいようです（根本 2005）。学習者同士のやりとりを支え，励まし，時には相談に乗ったりしながら，学習活動をうまく促進しています。また，TMA（Tutor-Marked Assignment）と呼ばれる課題をこなすことが科目の単位取得には必要で，その名前のとおり，チューターが採点をしています。OU式学習法として「サポート付きのオープン学習」を掲げており，チューターだけでなく，様々な学習支援の体制が用意されています。図8-4には，ある科目の受講者に準備されているリソースとその関係を紹介します。科目の説明やスケジュール，学習を進めるためのページだけでなく，電子図書館やサポートデスクへのリンク，あるいはイベント情報など，多方面からの支援が得られます。

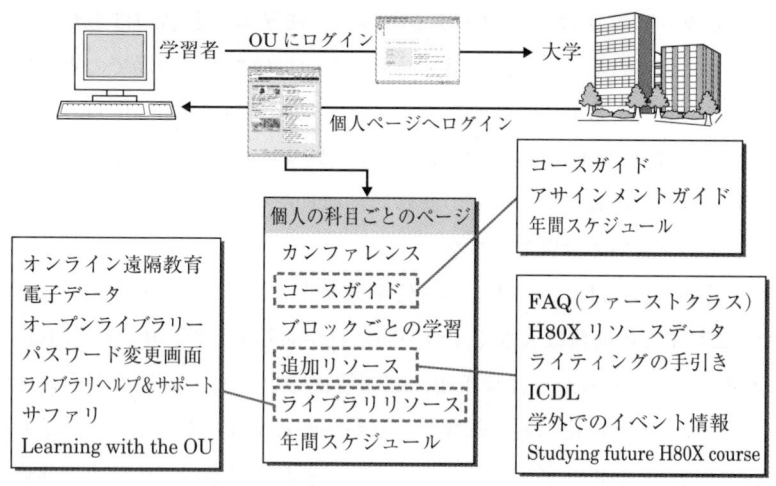

学習者　OUにログイン　大学
個人ページへログイン

個人の科目ごとのページ
カンファレンス
コースガイド
ブロックごとの学習
追加リソース
ライブラリリソース
年間スケジュール

オンライン遠隔教育
電子データ
オープンライブラリー
パスワード変更画面
ライブラリヘルプ&サポート
サファリ
Learning with the OU

コースガイド
アサインメントガイド
年間スケジュール

FAQ（ファーストクラス）
H80X リソースデータ
ライティングの手引き
ICDL
学外でのイベント情報
Studying future H80X course

IET：Institute of Educational Technology

図 8-4　H 802 コースでのリソース構成（根本 2005）

8.3　教員研修における e ラーニング（中国）

中国の教育改革では，現職教員の研修に力を入れてきました。中国教育省は，過去 20 年間にわたり教員研修をすべての現職教員に対して実施してきました。国の研修計画に基づき，地方の教育局はリーダー研修をはじめ様々な研修を行い，教員に対して一定の研修を受けるように指導してきました。しかし，研修内容を逐次改善し，担当する講師のレベルアップを図る努力を常にしていかないと，教員研修は充実したものになっていきません。

中国の場合，教員数は日本の 10 倍以上であり，現職教員全体のレベルアップを図るのは容易ではありません。実際，現職教員研修において新しい教育方法を導入しようとしていますが，地方の研修センターに教員が授業が終わった後，通うのは時間的に難しい場合が多く，予定していた大学での研修プログラムも質の高い教材開発ができず，十分に機能しなくなったりし，困難に直面していました。この問題を解決するための方法として，教員が学校にいても学べる e ラーニングがデザインされました（Yan and Zhu 2007）。

現職教員のeラーニングは,「eワークショップ・モデル」と名づけられ,教員としての専門性を高めるために,知識を詰め込むのではなく,現場での実際に起きている問題を解決する方法で学習します (http://jsjy.dec.ecnu.edu.cn/)。研修の達成目標は,「教育改革に沿った教授活動を実践することができる」ようになることです。地方の研修センターでの研修に参加したり,職場でeラーニングをしたりするブレンド型の学習モデルをデザインしています (図8-5参照)。

　このブレンド型の学習は,これまでの研修を形成的に評価するなかで開発されてきました。これまでの研修は大きく4つの問題点がありました。第1の問題は,研修内容が知識中心のものから経験重視,問題解決のプロセス重視の方向に変わったため,以前のものに比べると研修に時間がかかるようになりました。その結果,学校の仕事にしわ寄せが行くことになり,参加教員は職場での仕事と研修の板挟みになりました。この問題を解決するために,Webを使った学習を導入することになりました。eワークショップを導入し,最も重要な場面だけを対面での研修にすることにしました。具体的には,最初の研修は対面で行い,その後は同期・非同期の形でeワークショップを使った学習をすれば,研修センターに通う時間を節約でき,業務にも学習にも専念できるようになります。

図8-5　現職教員研修のWebサイト
(http://jsjy.dec.ecnu.edu.cn/)

中国では地域の研修センターが現職教員の研修の責任を負う仕組みになっています。しかし，その責任を果たすためには研修教材を大学に依存するようになってきました。第2の問題は，研修センターに依存する研修教材の開発は限界が出てきたということです。そこで，研修センターが独自に教材を開発するのではなく，大学や現場の教員が作った良い教材を集める方法を採用しました。コンテスト形式にして，良い教材をコンテストに出した人に対して表彰をするようにし，積極的な参加を促しました。

　第3の問題は，ほとんどの研修コースでは，教育改革に関する内容を十分に研修のなかに反映できていないことです。研修に参加する多くの教員は，熱心に参加したくさんの単位を修得しようと努力しています。しかし，研修で学んだことが実際の授業のなかにうまく反映できていないことがわかりました。もちろん質の高い教材を用意し，学んだことが実際の仕事のなかに生かせるような指導が重要ですが，新しい教え方を教員がどのように活用しているかパフォーマンス評価を取り入れることで明確にしました。どのようなパフォーマンスが授業のなかで必要なのか，具体的な行動を表にして提示するわけです。表8-1には，パフォーマンス評価の具体例を示しました。

表8-1　パフォーマンス評価の事例（Yan and Zhu 2007）

eワークショップのモジュール	求められるパフォーマンス
ITを活用したインストラクショナルデザイン	提示された単元の中から適切なものを選び，授業設計をしてください。授業設計の中には次のものが入っていなければなりません。 　1．テーマ，学年，科目，目標，学習プロセス，必要な教材，評価ツール 　2．ITの活用 授業案は，妥当性，信頼性，論理性，実現可能性，革新性を確保しなければなりません。
学校内での実践研究	提示されたテーマに沿ってプロジェクト型の実践研究をデザインしてください。
メディア活用	パワーポイント，フラッシュ，Webなどを活用して，あなたの授業の教材を作ってください。アートデザインと教育的効果の両面から評価をしてみましょう。作成したものを評価するためのレポートを作成してください。

最後の問題は，教員の意識改革です。教育改革では，生徒中心，プロセス中心の教え方を推奨していますが，多くの教員はいまだに伝統的な教師中心の教え方にとどまっているのが現状です。研修では「何を？」「どうして？」という質問を投げかけ，それに答えさせる形式をとっていますが，なかなか意識が変わりません。この問題を解決するために，リーダー教員が司会役を担い，電子掲示板（BBS）でのコミュニケーションや意見交換を進めてもらいます。研修教材も，リーダー教員に積極的に更新してもらい，新しい教材を提供していくとともに，他の参加者の教材を公開してもらい，意見交換を促していきます。

　このようにこれまでの研修を見直し，eワークショップを取り入れることで，研修の問題点を解決してきました。プロトタイプを試行して形成的評価を行うというよりも，実際に研修を始め，運用していくなかで様々な問題を解決するという手法を取り入れたわけです。もちろん，eワークショップを導入したからといって問題はすべて解決できたわけではありません。新しい方法を取り入れると，また別な問題が発生します。大切なことは，研修の状況を常にモニタリングし，問題点を明確にし，具体的な対策を必要に応じて高じていくことが大切です。とくに新たに，eラーニングを導入すると，コンピュータ操作などにとまどったり，掲示板に自分の意見を書くことに不安を感じたりするものです。リーダー教員には，ICTを活用した学習文化を創り上げていくことが求められていきます。

参考文献

Allen, M. W. (2006). *Creating successful e-Learning: A rapid system for getting it right first time, every time*. Pfeiffer.

赤堀侃司（2006）『授業の基礎としてのインストラクショナルデザイン（改訂版）』日本視聴覚教育協会．

浅井邦二（1985）『現代心理学入門』実務教育出版．

Banathy, B. (1968). *Instructional systems*. Palo Alto, California: Fearon Publishers.

米国学術研究推進会議（編著）；森敏昭，秋田喜代美（監訳）(2002)『授業を変える：認知心理学のさらなる挑戦』北大路書房．

Berge, Z. (1995). The role of the online instructor/facilitator. *Educational Technology*, 35(1): 22-30.

Boling, E. and Kirkley, S. (1996). Helping students design world wide web documents: Part I: planning and designing the site. *HyperNEXUS*, 6(1).

Bruner, J. S. (1961). *The process of Education*. Harvard University Press.〔ブルーナー（1986）『教育の過程（新装版）』岩波書店．〕

Clark, R. C. and Mayer, R. E. (2003). *E-Learning and the science of instruction*. San Francisco: Jossey-Bass Pfeiffer.

Clark, R. C. and Felden, D. F. (2005). five common but questionable principles of multimedia learning. In R. E. Mayer (Ed.), *The Cambridge Handbook of Multimedia Learning*: 97-116. Cambridge University Press.

Cole, J. and Foster, H. (2007). *Using Moodle: Teaching with the popular open source course management system*. Oreilly & Associates.

Collins, A. (2006). Cognitive Apprenticeship. In R. K. Sawyer (Ed.), *The Cambrigdge Handbook of The Learning Sciences*. Cambridge University Press.

Dabbagh, N. (2003). Schaffolding: An important teacher competency in online learning. *TechTrends*, 47(2): 39-44.

ディック，ケアリ，ケアリ(2004)『はじめてのインストラクショナルデザイン』ピアソン・エデュケーション．〔Dick, W., Carey, L. and Carey, J. O. (2000). *The Systematic Design of Instruction* (5th Ed.): Allyn & Bacon.〕

エミットジャパン（編）（2005）『WebCT：大学を変えるeラーニングコミュニティ』東

京電機大学出版局.

Gagne, R. M. (1985). *Conditions of Learning* (4th Ed.). Holt, Rinehart & Winston.

Gagne, R. M., Briggs, L. J. and Wager, W. W. (1992). *Principles of Instructional Design* (4th Ed.), Holt, Reihhart and Winston Inc.

ガニェ，ウェイジャー，ゴラス，ケラー；鈴木克明，岩崎信(監訳)(2007)『インストラクショナルデザインの原理』北大路書房.

Gordon, J. and Zemke, R. (2000). The attack on ISD. *Training*, 37(4): 42-53.

Graham, C. R. (2006). Blended learning systems: definition, current trends and future directions. In C. J. Bonk and C. R. Graham (Eds.), *The handbook of blended learning environments: global perspectives, local Designs*. NJ: Jossey-Bass/Pfeiffer, A Wiley Company.

Gronlund, N. E. (2000). *How to write and use instructional objectives* (6th. Ed.). Merrill.

Hanbing, Y. and Zhiting, Z. (2007). An E-Workshop Model for Teacher Training. In R. C. Sharma and S. Mishra (Eds.), *Cases on Global E-Learning Practices: Successes and Pitfalls*. Information Science Publishing.

Hannafin, M. (2006). Functional contexualism in learning and instruction: Pragmatic science or objectivism revisited? *Educational Technology, Research and Development*, 54(1): 37-41.

Harasim, L. M., Hiltz, S. R., Teles, L. and Turoff, M. (1995). *Learning networks: A field guide to teaching and learning online*. Cambridge, MA: MIT Press.

Heinich, R., Molenda, M., Russell, J. D. and Smaldino, S. E. (2002). *Instructional media and technologies for learning*. Merrill/Prentice Hall.

Hootstein, E. (2002). *Wearing four pairs of shoes: the roles of e-Learning facilitators*. Retrieved 3/17/2007 from http://www.learningcircuits.org/2002/oct2002/elearn.html

Horton, W. (2006). *E-Learning by design*. San Francisco: Pfeiffer.

市川伸一(1995)『学習と教育の心理学』岩波書店.

Ingram, A. L. and Hathorn, L. G. (2003). Designing your Web site for instructional effectiveness and completeness: First step. *Tech Trends*, 47(2): 50-56.

井上博樹，奥村晴彦，中田平（2006）『Moodle 入門：オープンソースで構築するeラーニングシステム』海文堂出版.

岩崎千晶，村上正行，久保田賢一（2008）「学生が主体的に取り組む映像制作実習のデザイン：小学校向け英語映像教材の制作」第 14 回大学教育研究フォーラム，印刷中.

Jacobson, M. J. and Kozma, R. B.(Eds.).(2000). *Innovations in science and mathematics education: Advanced designs for technologies of learning*. Lawrence Erlbaum Associates.

Johnson, D. W. and Johnson, R. T.(1990). Cooperative learning and achievement. In S.Sharan(Ed.), *Cooperative learning: theory and practice*: 23-37. New York: Praeger.

Jonassen, D. H., Hennon, R. J., Ondrusek, A., Samouilova, M., Spaulding, K. L., Yueh, H. P., Li, T., Nouri, V., DiRocco, M. and Birdwell, D.(1997). Certainty, determinism, and predictability in theories of instructional design: lessons from science. *Educational Technology*, 37(1): 27-34.

Jonassen, D.(1999). Designing Constructivist Learning Environment. In C. M. Reigeluth(Ed.), *Instructional-Desgin Theories and Models: A New Paradigm of Instructional Theory*. Lawrence Erlbaum Associates.

Jonassenn, D. H., Tessmer, M. and Hannum, W.(1999). *Task analysis prodedures for instructional design*. Mahwah, NJ: Lawrence Erlbaum Associates.

Jung, I. S., Lim, C. I., Choi, S. H. and Leem, J. H.(2002). The effects of different types of interaction on satisfaction and learning in Web-based instruction. *Innovations in Education and Teaching International*, 39(2): 153-162.

鄭仁星，久保田賢一，羅駟柱，寺嶋浩介（2006）『遠隔教育とeラーニング』北大路書房．

Jung, I. S. and Suzuki, K.(2006). Blended learning in Japan and its application in Liberal Arts Education. In C. J. Bonk and C. R. Graham(Eds.), *The handbook of blended learning environments*: 267-280(Chapter 19). Pfeiffer.

経済産業省（2003）『平成 15 年度「情報経済基盤整備(アジアeラーニングの推進)」報告書(概要編)第3編 調査活動研究 (国内)』: 6. http://www.asia-elearning.net/content/act2003/file/Rep_A_3_4.pdf

Keller, J. M.(1983). Motivational design of instruction. In C. M. Reigeluth (Ed.), *Instructional-design theories and models: An overview of their current status*. Lawrence Erlbaum Associates.

Kemp, J. E., Morrison, G. R. and Ross, S. M.(1994). *Designing effective instruction*. Macmillan College.

木原俊行，堀田龍也，山内祐平，小柳和喜雄（2005）「カリキュラム・コーディネータ養成のための e-Learning プログラムの開発研究」『教育学論集』（大阪市立大学大学院文学研究科・人間行動学専攻・教育学専修），31: 1-10.

Kirkpatrick, D. L.(1998). *Evaluating training programs: the four levels*(2nd Ed.).

Berrett-Koehler.
レイヴ，ウェンガー；佐伯胖（訳）(1993)『状況に埋め込まれた学習：正統的周辺参加』産業図書．[Lave, J. and Wenger, E. (1991). *Situated Learning: Legitimate peripheral participation*. New York: Cambidge University Press.]
Lee, W. L., and Owens, D. L. (2000). *Multimedia-based instructional design*. San Francisco: Pfeiffer. [清水康敬(監訳)(2003)『インストラクショナルデザイン入門：マルチメディアにおける教育設計』東京電機大学出版局.]
Mager, R. F. (1975). *Preparing instructional objectives*. Fearon.
Mager, R. F. (1997). *Preparing instructional objectives: a critical tool in the development of effective instruction* (3rd Ed.). Center for Effective Performance.
Mayer, R. E. (2001). *Multimedia learning*. Cambridge University Press.
Mayer, R. E. (Ed.) (2005). *The Cambridge Handbook of Multimedia Learning*. Cambridge University Press.
Merrill, M. D. (2001). Components of instruction toward a theoretical tool for instructional design. *Instructional Science*, 29: 291-310.
Merrill, D. (2007). First principles of instruction: a synthesis. In R. A. Reiser and J.V. Dempsey (Eds.), *Trends and issues in instructional design and technology* (2nd Ed.): 62-71. Upper Saddle River, NJ: Merrill Education/PrenticeHall.
宮地裕，田中望(1988)「放送大学教材　日本語教授法」放送大学教育振興会．
水越敏行(1975)『発見学習の研究』明治図書．
水越敏行(1976)『授業の設計と評価』明治図書．
水越敏行(1982)『授業評価研究入門』明治図書．
水越敏行(編)(1989)『授業設計と展開の力量』ぎょうせい．
水越敏行(監修)(1997)『授業設計と展開の改善』国立教育会館．
水越敏行(編著)(2002)『「おこめ」で広がる総合的学習：NHKデジタル教材の活用』明治図書．
Morrison, G. R., Kemp, J. E., Ross, S. M. and Kalman, H. K. (2006). *Designing effective instruction* (5th Ed.). Wiley.
村川雅弘(1989)「合科・総合学習の授業設計」水越敏行(編)『授業設計と展開の力量』ぎょうせい：57-76．
根本孝(2002)『eラーニング経営：ナレッジエコノミー時代の人材戦略』エルコ．
根本淳子(2005)「英国での遠隔教育についての遠隔参与観察報告書」曽我正和（研究代表）『人材育成支援工学創出のための実践的・試行的研究：ITスキル標準を題材にして』(2004年度研究成果報告書)，(財)岩手県学術研究振興財団：53-65．
メディア教育開発センター(2006)「eラーニング等のITを活用した教育に関する調査

報告書(2005年度版)」http://www.nime.ac.jp/reports/001/2005/

メディア教育開発センター(2008)「eラーニング等のICTを活用した教育に関する調査報告書 (2007年度)」http://www.nime.ac.jp/reports/001/

沼野一男(1976)『授業の設計入門』国土社.

沼野一男(1980)『教授フローチャート』日本視聴覚教育協会.

大内茂男, 中野照海(1982)『授業の設計と実施 授業に活かす教育工学シリーズ』図書文化.

岡野貴誠, 久保田賢一(2006)「映像制作を支援するウェブ教材の評価」『教育メディア研究』12(1): 43-55.

O'Reilly, T. (2005). *What is Web 2.0*: *Design Patterns and Business Models for the Next Generation of Software*. Retrieved 2/25/2008 from http://www.oreillynet.com/pub/a/oreilly/tim/news/2005/09/30/what-is-web-20.html

大島純, 野島久雄, 波多野誼余夫(2006)「教授・学習過程論:学習科学の展開」放送大学教育振興会.

Piaget, J. (1952). *The origins of intelligence in children*. New York: Basic Books.

Rehak, D. R. and Mason, R. (2003). Keeping the learning in learning objects. In A. Littlejohn (Ed.), *Reusing online resources*: 20-34. London: Kogan Page.

Reigeluth, C. (1983). Instructional design: what is it and why is it? In C. Reigeluth (Ed.), *Instructional design theories and models*: 4-36. Hillsdale, NJ: Erlbaum Associates.

Reigeluth, C. M. (1999). *Instructional-Desgin Theories and Models*: *A New Paradigm of Instructional Theory*. Lawrence Erlbaum Association.

Reiser, R. A. and Dempsey, J. V. (Eds) (2007). *Trends and Issues in Instructional Design and Technology* (2nd Ed.), Prentice Hall.

Rice, W. H. (2007). *Moodle teaching techniques*: *Creative ways to use Moodle for constructing online learning solutions*. Packt Publishing.

Romiszowski, A. J. (1981). *Designing Instructional Systems*: *Decisoin making in course planning and curriculum design*. Kogan Page.

ローゼンバーグ;中野広道(訳)(2002)『Eラーニング戦略』ソフトバンク.

坂元昂(1980)『授業改造の技法』明治図書.

Schank, R. C., Fano, A., Bell, B. and Jona, M. (1994). The design of goal-based scenarios. *Journal of the Learning Sciences*, 3(4): 305-346.

清水康敬(監訳), NPO法人日本イーラーニングコンソシアム(訳)(2003)『インストラクショナルデザイン入門:マルチメディアにおける教育設計』東京電機大学出版局.

白樫三四郎(1995)『現代心理学への招待』ミネルヴァ書房.

Spiro, R. J., Coulson, R. L., Feltovich, P. J. and Anderson, D. K. (1988). *Cognitive Flexibility Theory: Advanced Knowledge Acquisition in Ill-Structured Domains*. University of Illinois at Urbana-Champaign.

鈴木克明(1987)「CAI教材の設計開発における形成的評価の技法について」『視聴覚教育研究』17: 1-15.

鈴木克明(1995)「『魅力ある教材』設計・開発の枠組みについて：ARCS動機づけモデルを中心に」『教育メディア研究』1(1): 50-61.

鈴木克明(1995)「放送利用からの授業デザイナー入門」日本放送教育協会.

鈴木克明(2002)『教材設計マニュアル』北大路書房.

鈴木克明(2005)「〔総説〕e-Learning実践のためのインストラクショナル・デザイン」『日本教育工学会誌』29(3)（特集号：実践段階のe-Learning）: 197-205.

鈴木克明，根本淳子，市川尚，三石大，波多野和彦，小松秀圀(2006)「ID専門家養成のためのブレンド型eラーニングの実践」『教育システム情報学会誌』23(2): 59-70.

玉木欽也(2006)『eラーニング専門家のためのインストラクショナルデザイン』東京電機大学出版局.

田中望，斉藤里美(1993)『日本語教育の理論と実践』大修館書店.

Vygotsky, L. S. (1978). *Mind in society: The development of higher psychological process*. Harvard University Press.

Wenger, M. S. and Ferguson, C. (2006). A learning ecology model for blended learning from Sun Microsystems. In C. J. Bonk and C. R. Graham (Eds.), *The handbook of blended learning environments*: 76-91 (Chapter 6). Pfeiffer.

Wiley, D. (2001). *Connecting learning objects to instructional design theory: A definition, a metaphor, and a taxonomy*. Retrieved 2/12/2008 from http://www.reusability.org/read/chapters/wiley.doc

Wills, J. (1998). Alternative instructional design paradigms: What's worth discussion and what isn't. *Educational Technology*, 38(3): 5-16.

Yan Hanbing and Zhu Zhiting (2007). An E-Workshop model for Teacher Training. In R. C. Sharma and S. Mishra (Eds.), *cases on Global E-Learning Practices: Successes and Pitfalls*. Hershey: Information Science Publishing.

吉田貞介(1987)「現場的授業設計技法の開発」上野辰美（編）『教育方法学の今日的課題』コレール社：100-111.

吉田文，田口真奈(編著)(2005)『模索されるeラーニング：事例と調査データにみる大学の未来』東信堂.

あとがき

　ここまで読み終えて，初心者にもわかりやすい本だという印象を持ってもらえましたか。そうであればいいなぁ，と編者・執筆者一同で願っていますし，またそう思ってもらえるように最大限の努力をしました。本書の説くところに従い，大学院生らに本書の原稿を読んでもらい，「わかりにくい」という指摘を受けたところには修正を加えました。それでも読者によっては，まだ「わかりにくい」と思うところが残っているかもしれませんし，数人の執筆者で分担した書いた文章の宿命として，統一がとれていないところが残っているかもしれません。それらはすべて編者が責めを負うべきものであり，読者からの忌憚のない感想や意見が寄せられることを期待しています。

　本書は，「はじめに」に書きましたように，実践を担当する教育者自身が「eラーニングの要素をブレンドして自分の授業をより良くしよう」と思ったときに最初に手にする入門書として企画されました。日本では数少ない存在の，インストラクショナルデザインを米国の大学院で学んで博士号をとった3人の研究者が集まり，手軽に使える教科書・気軽に手に取れる入門書にまとめるにはどうしたら良いかを考えました。その結果，すでにIDモデルが数多くあるのにも関わらず，またひとつの新しいIDモデル（OPTIMALモデル）を考案しました。OPTIMALモデルが，その名前に込められた思いどおりに初学者にとってIDを知るための「最適な」手がかりとして定着し，本書とともに長く愛されるものになることを願っています。

　タイトルに「インストラクショナルデザイン」が含まれる本は，これで7冊目になるでしょうか。その最初の本『インストラクショナルデザイン入門──マルチメディアにおける教育設計』(2003)をはじめ，eラーニング関連の書籍を多

く出版してきた東京電機大学出版局から本書を世に問えることは，とても光栄なことだと思っています．丁寧にお手伝いいただいた松崎真理さんをはじめ，関係各位に感謝の意を表します．

　本書が入門書としての役割を果たし，効果・効率・魅力が高いブレンド型のeラーニングが各地で誕生し，教育の質向上に貢献することを願っています．そして，入門した読者の皆さんがこの分野に興味を持たれ，実践を重ねながらさらにID関連の書籍を読み進め，日本における我々3人の「希少価値」を低めるような人材になることを祈っています．お隣の韓国には，我々と同じように米国の大学院で博士号を取得して帰国し，活躍しているID研究者が100名以上もいます．ともに歩む仲間の輪の中に加わっていただく第一歩にしていただければ幸いです．

2008年2月

鄭　　仁星
久保田賢一
鈴木　克明

索引

▌欧文

ABCD アプローチ　　91
ADDIE モデル　　26, 43, 44
ADL（Advanced Distributed Learning Initiative）　　114
ARCS モデル　　iv, 33

BitTorrent　　88
Blackboard　　iii, 83
blended e-Learning（ブレンド型 e ラーニング）　　i

CEAS　　iv
CMS（Course Management System）　　105

Dreamweaver　　94

ELGG　　88
e モデレーション　　86
e ワークショップ　　140

Flickr　　87, 88

Google AdSense　　87

H80X　　139
Hot Potatoes　　67

ICT（Information and Communication Technology）　　ii, 11, 142
ID（Instructional Design）　　i, 61, 75
Internet Navigware　　106
ISD（Instructional System Design）　　5, 22

JavaScript 関数　　114

LMS（Learning Management System）　　iii, 83, 99
LO（Learning Object）　　12

Material Design（教材のデザイン）　　45
MediaPlayer　　98
Moodle　　iv, 83, 88, 105, 106

NICER（National Information Center for Educational Resources）　　92, 95
NIME（National Institute of Multimedia Education）　　92, 95

OpensourceLMS　　107
OPTIMAL モデル　　iv, 42, 116

Photoshop　　94
PowerPoint　　94
Premiere　　127
Prototyping（プロトタイピング）　　45

Quicktime　　98

rapid prototyping　　ii
RealPlayer　　98
Sakai　　107
SCO（Sharable Content Object）　　114
SCORM（Sherable Content Object Reference Model）　　51, 114
SimTiki（シムティキ）　　134
SME（Subject Matter Expert）　　2, 75
SNS（ソーシャル・ネットワーク・サービス）　　128
Studying future H80X course　　139

Testing（試行）　　45

索引　　151

TMA（Tutor-Marked Assignment） 138

VLE（Virtual Learning Environment） 105

WebClass 106
WebCT iii, 84, 106
Weblog 88
WebTV 46
Wiki 137
wikibooks 88
Wikipedia 88
wikisource 88
wikiversity 88

Xoops iv

YouTube 88

ZPD（zone of proximal development） 18

■ あ
アサインメントガイド 139
暗黙知（tacit knowledge） 35

インストラクショナル・システム・デザイン（ISD） 5
インストラクショナルデザイナー（Instructional Designer） ii, 2
インストラクショナルデザイン（ID） i, 1
インストラクション（教授） 2
インストラクタ体験 53
インタラクション 49, 79, 131
インフォーマル 49

遠隔教育（distance education） i

オーサリングツール 115
オープンエンド 83
オープンソース 107
オペラント条件付け 15
オンライン学習 12

オンラインクイズ 46
オンラインファシリテーション 86

■ か
カオス理論 6
学習エコロジーモデル 70
学習指導要領 7
学習者中心 61
学習者の特性 4
学習スタイル 90
学習目標 47, 61
学習リソース 113
過程重視型 86
カリキュラム 2
カンファレンス 139

教育経営 2
教育情報ナショナルセンター（NICER） 92, 95
教育相談 2
教育目標（Instructional objectives） 5
教材のデザイン（Material Design） 45, 50
教授方略（Instructional strategy） 5, 29
教授メッセージ（Instructional message） 5
教授目標（instructional objective） 91
教師用指導書 7
協調学習 12
協調学習方式 137
協同学習 18, 61, 86
協同課題 84
共同体中心 61
近似性の原理 92

グループ学習 56
グループ討論 84

掲示板 84
形成的評価 7, 29, 74
顕在的リハーサル 83

合意（コンセンサス）　69
構成主義　iv, 14, 17, 127
行動主義　14
コーチング　70
コーディネーション方策　130
ゴールベースシナリオ（GBS）理論　34
古典的条件付け　15
コメット法　8
コラボレーション（協同学習）　86
コンセンサス（合意）　69
コンピュータ・プログラミング　7

さ

再生的学習　65
サファリ　139
サン・マイクロシステムズ社　70

視覚型学習者　90
事後アンケート　66
試行（Testing）　45, 48
思考の外化　112
自己制御型　80
自己調整的（self-regulated）　24
システム的アプローチ　5, 26
事前テスト　66
実践コミュニティ　38
自動採点機能　83
　　Quizzes　83
　　SelfTests　83
　　Test　83
従来型教授法　137
状況的学習　38
条件付け　15
情報通信技術（ICT）　ii, 11, 142
ジョブ・エイド　70
事例研究　68
診断的ラボ　70

スキーマ　17
ストリーミング方式　114
スマイルシート　72

成果重視型　86
整合性　73
正誤問題　83
宣言的知識　65
先行オーガナイザー　76
全体方略　73
前提テスト　66

総括的評価　7, 29, 74
総合学習　117
総合的な学習の時間　8
双方向性のデザイン（Interaction Design）
　　45, 49, 80
ソーシャル・ネットワーク・サービス（SNS）
　　128

た

対面講義　70
対面授業　43
多岐選択式問題　83
タスク型　43
探索活動　68

知識（domain knowledge）　35
知識中心　61
中核型　69
チューター　35
チュートリアル　68
聴覚型学習者　90
長期記憶　83
貯蔵庫モデル　16

ディベート　120
手順型モデル（procedural model）　43
手続きの知識　65
デフォルトオプション　81
デモンストレーション　70
テレビ会議　11
電子掲示板（BBS）　108

同期　68

動機づけ　33, 66
東京大学ポッドキャスト　88
ドロップダウンリスト　113

な
内容領域の専門家（SME）　75
ナビゲーション　49, 80

日本イーラーニングコンソシアム　53, 114
認知主義　14, 16
認知柔軟性理論　34
認知的徒弟モデル（congnitive apprenticeship）　iv, 34, 35

は
ハイパーメディア　79
発見学習　8
発達の最近接領域（ZPD）　18
半完成品（プロトタイプ）　68

非同期　68
批判的思考　112
評価基準　28
評価中心　61
評価方略　73

ファイル形式
　　AIFF　97
　　AU　97
　　AVI　98
　　BMP　97
　　GIF　51, 97
　　HTML　42
　　JPEG　51, 97
　　MOV　98
　　MPG　98
　　PCM　98
　　PDF　55, 94
　　QuickTime　51
　　WAV　97
ファジー論理　6

ファシリテーター　131
フィードバック　48, 66, 126
フィードフォワード　126
フェーディング　19
フォーラム　11, 109
プラグイン　58
フラッシュ　141
ブレインストーミング　12, 110
プレゼンテーション用ソフト　42
ブレンド型　62, 99, 116
ブレンド型 e ラーニング（blended e-Learning）　i , 60
ブロードバンド　125
ブログ　88
プログラム制御型　80
プロジェクト型　141
プロトタイピング（Prototyping）　45, 48, 68, 111
プロトタイプ　68
分散型練習　83

米国学術研究推進会議　60

ま
マイクロデザイン　111, 118, 124
マクロデザイン　60, 111, 117, 122
マルチメディア　79
マルチモーダル　95

メーリングリスト　131
明示知（explicit knowledge）　35
メタ認知力　81
メッセージボード　85
メディア・リテラシー　122
メディア教育開発センター（NIME）　92, 95
メディア要素のデザイン（Audio-Visual Design）　46, 50

模擬テスト　66
目標を定める（Objectives）　45
モデレーター　85, 86, 125

問題解決学習　　84

ら
ラーニングオブジェクト（LO）　12
ラピッド・プロトタイピング（rapid prototyping）　ii, 44

両端型　　69

連鎖（chaining）　24
練習問題　　82
練習ラボ　　70

ロールプレイ　　70

人名
アレン（M. W. Allen）　32
イングラム（A. L. Ingram）　67, 68
ヴィゴツキー（L. S. Vygotsky）　18
ウェンガー（E. Wenger）　18, 70
オーエンズ（D. L. Owens）　10
オライリー（T. O'Reily）　87
カークパトリック（D. L. Kirkpatrick）　71, 72
カークレイ（S. Kirkley）　89
ガニェ（R. M. Gagne）　31, 65
グスタフソン　　5

クラーク（R. C. Clark）　81, 84
グラハム（C. R. Graham）　43
ケラー（J. M. Keller）　33
ケンプ（J. E. Kemp）　3
ゴードン（J. Gordon）　44
ジョナサン（D. Jonassen）　6
ジョンソン（D. W. Johnson）　84
ジョンソン（R. T. Johnson）　84
ディック（W. Dick）　5, 10, 27, 31
ハイニック（R. Heinich）　91
ピアジェ（J. Piaget）　17
ファーガソン（C. ferguson）　69
フースタイン（E. Hootstein）　86
ベルジ（Z. Berge）　86
ホートン（W. Horton）　ii
ボーリング（E. Boling）　82, 89
メーガー（R. F. Mager）　23, 73, 91
メイヤー（R. E. Mayer）　81, 84
メリル（D. Merrill）　6
モリソン（G. R. Morrison）　3
ライゲルース（C. Reigeluth）　2, 19, 21
リー（W. L. Lee）　10
リーサー（R. A. Reiser）　5
レイヴ（J. Lave）　18
ローゼンバーグ（M. J. Rosenberg）　63
ロミスゾウスキー（A. J. Romiszowski）　21

編者紹介

鄭　仁星（Insung Jung）
国際基督教大学教養学部教授
1959年韓国ソウル生まれ。ソウル大学（教育学科），米国インディアナ大学大学院教育学研究科修了，Ph. D.(教授システム工学)。韓国放送通信大学助教授。梨花女子大学副教授などを経て2003年より現職。主著に，『Opening up Asian education and training』(共著, Routledge)，『遠隔教育とeラーニング』(共著, 北大路書房)，『Education in an information age』(Park Young Ryul Publication)，『教育工学』(教育科学社)，『Video Conferencing』(Park Young Ryul Publication)，『授業方法』(教育科学社) などがある。

久保田　賢一（Ken'ichi Kubota）
関西大学総合情報学部教授
1949年神奈川県横浜市生まれ。中央大学理工学部卒業後，高校教師。その後，青年海外協力隊に参加し，フィリピン工科大学へ派遣。インディアナ大学大学院教育学研究科修了，Ph. D.(教授システム工学)。JICA沖縄国際センター視聴覚技術コース主任インストラクター，インディアナ大学視聴覚センター研究員などを経て1998年より現職。日本教育メディア学会副会長，日本教育工学会評議員。主著に『構成主義パラダイムと学習環境デザイン』(関西大学出版部)，『映像メディアのつくり方』，『遠隔教育とeラーニング』(共著, 北大路書房)，『開発コミュニケーション』(明石書房)，『ICT教育の実践と展望』(共著, 日本文教出版) などがある。

鈴木　克明（Katsuaki Suzuki）
熊本大学大学院社会文化科学研究科教授・教授システム学専攻長
1959年千葉県市川市生まれ。国際基督教大学教養学部，同大学大学院修士課程を経て米国フロリダ州立大学大学院教育学研究科博士課程修了，Ph. D.(教授システム学)。東北学院大学教養学部助教授，岩手県立大学ソフトウェア情報学部教授などを経て，2006年4月より現職。放送大学大学院客員教授，東北大学大学院非常勤講師，日本教育工学会・日本教育メディア学会理事，日本イーラーニングコンソシアム名誉会員などを務める。主著に『教材設計マニュアル』，『教育工学を始めよう』(共訳・解説)，『インストラクショナルデザインの原理』(監訳) (いずれも北大路書房)，『人間情報科学とeラーニング』(共著, 放送大学教育振興会) などがある。

執筆者一覧

はじめに	鄭　仁星（編者）
第1章	鄭　仁星・鈴木庸子（国際基督教大学日本語教育課程講師）
第2章	久保田賢一（編者）
第3章	鄭　仁星・鈴木庸子［第1節〜第5節］
	鈴木克明（編者）［第6節］
第4章	鈴木克明
第5章	鄭　仁星・鈴木庸子
第6章	喜多敏博（熊本大学eラーニング推進機構教授）
第7章	久保田賢一
第8章	鈴木克明［第1節〜第3節］
	久保田賢一［第4節］
あとがき	鈴木克明

最適モデルによるインストラクショナルデザイン
ブレンド型eラーニングの効果的な手法

2008年4月30日　第1版1刷発行	編　者	鄭　仁星
		久保田　賢一
		鈴木　克明
		学校法人　東京電機大学
	発行所	東京電機大学出版局
	代表者	加藤康太郎
		〒101-8457
		東京都千代田区神田錦町2-2
		振替口座　00160-5-71715
		電話　(03)5280-3433（営業）
		(03)5280-3422（編集）

印刷	新日本印刷㈱	© Jung Insung
製本	渡辺製本㈱	Kubota Ken'ichi
装丁	小口翔平（FUKUDA DESIGN）	Suzuki Katsuaki et al. 2008
		Printed in Japan

＊無断で転載することを禁じます。
＊落丁・乱丁本はお取替えいたします。

ISBN978-4-501-54390-7 C3037